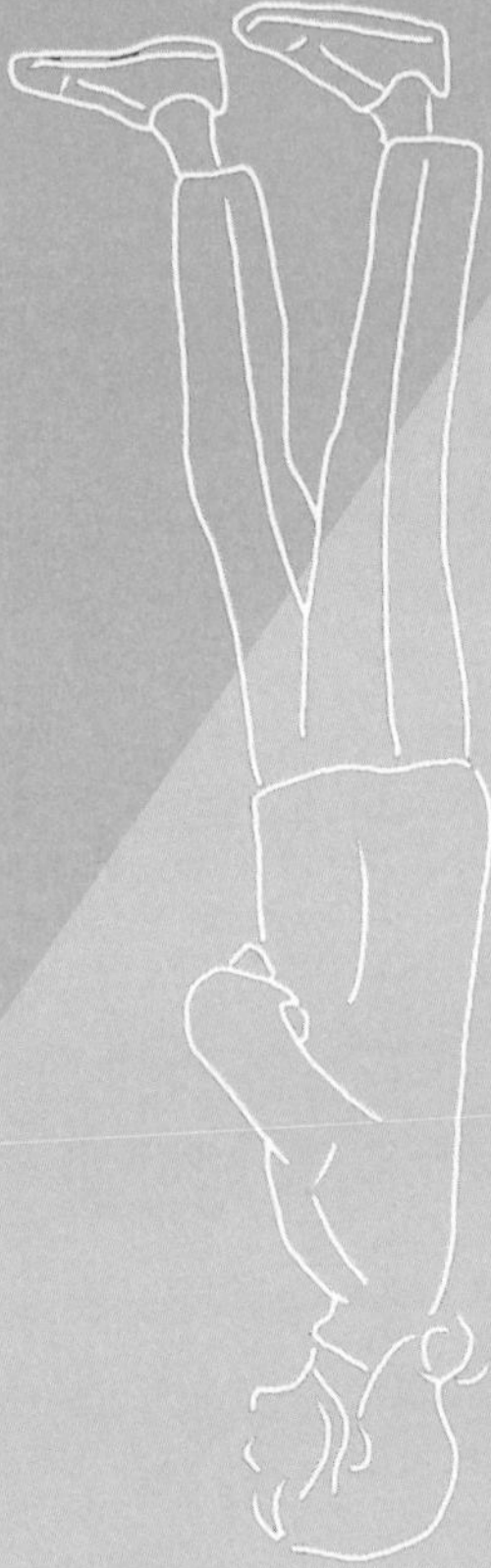

一生使える ポジティブ 言い換え言葉

好感度も運気もあがる
魔法の言葉選び

えらせん

ワニブックス

はじめに

「おはよう」って言うと「おはよう」って返ってくる。
「嬉しい」って言うと相手も嬉しい気持ちになる。
「大丈夫?」って心配するといつか自分も気遣ってもらえる。

あなたのたった一言で、周囲の人を笑顔にしたり、
気持ちを楽にさせてあげることができます。

投げかける言葉や行動は、自分自身に返ってきます。

例えば、あなたが悲しい時、側に居てくれる人がいるのは、
今日まであなたが悲しむ誰かの側にいてあげたから。
あなたが嬉しい時、たくさんの人が祝ってくれるのは、
今日まであなたがたくさんの「おめでとう!」を言ってきたから。

辛い時、嬉しい時、あなたに返ってくるものは、
それまであなたが発してきたことです。

そう、あなたがいつか投げた思いやりは、ブーメランのように返ってくるのです。
投げて、もらって、もらって、投げて。素敵な言葉の送り合い。

これを読んでいるあなたはきっと、
「優しい言葉を使いたい」
「みんなをもっと笑顔にしたい」
そんな素敵な心を持っている人だと思います。

この本は、あなたのように、素敵な言葉で周りを幸せにしたい人に書きました。

会話力が上がったり、ポジティブ言葉を知れるだけではなく、
読み進めていくと目に見えない世界の法則が理解できるでしょう。

素敵な人を引き寄せる方法が理解できたり、
メンタル的に自立した人生を歩めるようになったり、
想像力が上がり、今よりも優しくなれる、そんな内容になっています。

読み終わった後の感情を楽しみにしていてください。

たくさんの思いやりブーメランが飛び交う世界になることを願っています。
まずは僕からあなたへ、「そーれっ！」。

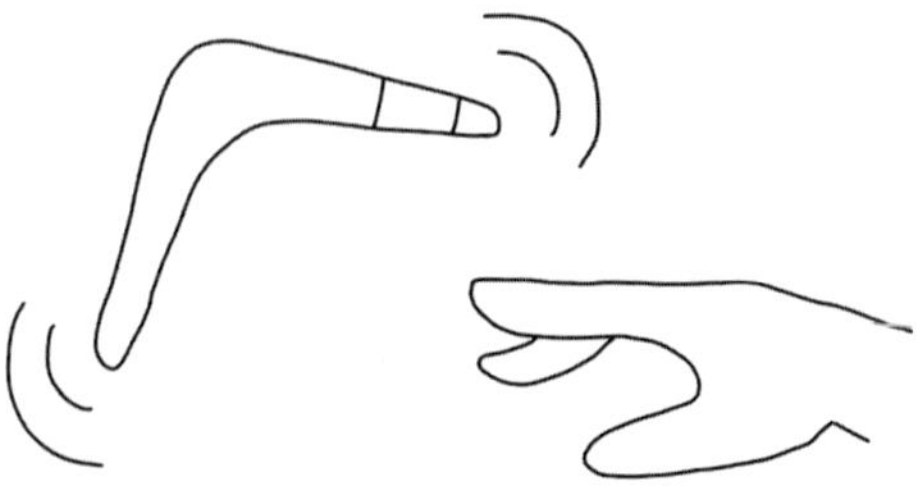

もくじ

第1章　言葉を変えればポジティブになれる

第2章 シーン別 言い換え言葉

第3章　人は言葉遣いが9割

第1章

言葉を変えれば ポジティブに なれる

少しとらえ方を変えれば、
悲しい出来事もラッキーに。
短所も長所に。
伝えづらいこともスムーズに。
そんなポジティブになれる
言い換え言葉を紹介します。
使う言葉が変われば、
考え方の癖も自然と前向きに変化します。

言いにくいことやイマイチなものに対する感想は、第三者の感想に置き換えると◎。

いつもの

まずい

ポジティブ

好きな人にはたまらない

言いにくいことを伝える

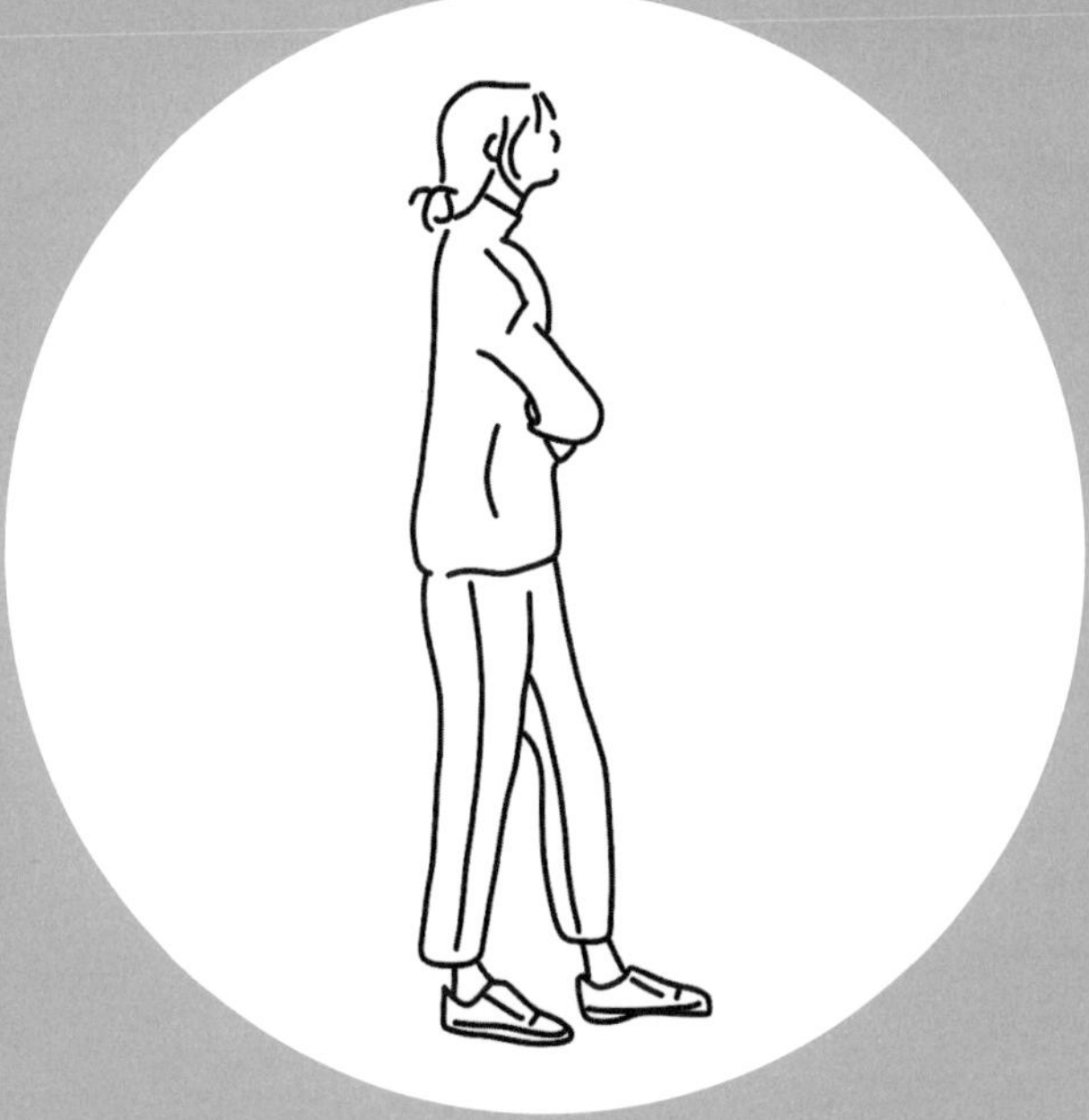

ネガティブな感想を抱いた時、そのまま口にしてしまうと、空気が悪くなることがあります。そんな時は、表現を少し変えて、相手を傷つけない前向きワードに変換しましょう。

その一つのテクニックとして使えるのが、「自分の感想を言わない」方法。**個人的な感想を、他者の感情にすり替えてしまう**のです。

例えば、「まずい」というのは、個人的な感想です。この場合、「(自分が食べると)まずい」というネガティブな表現になってしまうので、「(好きな人が食べると)たまらない」といったように、「他人が食べれば○○」という構文を使ってみましょう。

実際に、他人が食べれば絶品である可能性もあります。それを、そのまま表現した言葉です。ちなみに、これはすべてのものに使える便利言葉です。

尖っている料理　→「**好きな人にはたまらないね！**」
尖っている人　→「**好きな人にはたまらないね！**」
尖っている商品　→「**好きな人にはたまらないね！**」

こんなふうに、何に対して使っても違和感がないので、困った時の魔法のセリフとして、ストックしておきましょう。

応用編として、「若い人にはたまらないだろうね」「上級者にはたまらない」「アメリカ人が好きそうだね」など、前半の言葉はいくらでも代用可能なのです。

逆に、まったく尖っていない、平凡過ぎるものについて感想を求められた時は、「みんなに好かれる」という言い回しが使えます。

平凡な料理　↓「みんなに好かれる味だね」
平凡な人　↓「みんなに好かれる人だよね」
平凡な部屋　↓「みんなに好かれる空間だよね」

誰かにとってのゴミは、誰かにとっての宝物。
もし褒めづらいものに出会ったら、「誰かにとってはポジティブなものなのでは？」と視野を広げることで、表現力を磨きましょう。

こんなふうに言い換えてみよう

いつもの → ポジティブ

- 似合わない → もっと似合うものがありそう
- 意味不明 → 斬新
- わけがわからない → 抽象的、芸術的
- 個性がない → 周りを安心させる
- 地味 → 素材を活かしてる

- 古くさい → アンティーク
- 流行遅れ → 時代に流されない
- 飽きられた → 定番になった
- 悪趣味 → 個性的
- 変人 → 開拓者

えらせんの一言

「この商品は誰にとって最高なんだろう?」って考える時間は、ポジティブになれる素敵な時間だよ。

批判やグチっぽいセリフは、「じゃあどうする？」と未来視点にするとポジティブに。

いつもの

今の政治はダメだ

ポジティブ

もっとこういう政策があるといいね

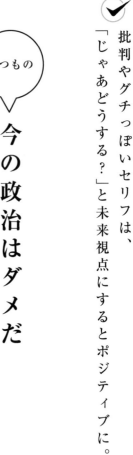

未来型会話

子どもはいつも元気でエネルギッシュですよね。その理由はなぜでしょうか。

それは、生きている年数が少ない分、過去の記憶が少ないからです。子どもの脳内は未来のことでいっぱいです。

未来のことを考えている時は、「こうしてみようかな」「こうしたらいいのに」といったアイディアが出てくるものです。人は、過去を意識すると批判が生まれ、未来を意識すると提案が生まれます。

会社の会議などでも「その案はここがダメ」と伝えるよりも、「もっとこうするといいかも！」と未来言葉を伝えた方が、前向きな話し合いになるでしょう。

言葉は、大きく分けると4種類あります。

1：過去×ネガティブ
2：過去×ポジティブ
3：未来×ネガティブ
4：未来×ポジティブ

1は「あの時のあいつは最悪だった」や「あの経験のせいで散々だったよ」などの、過ぎ去ったことへの愚痴言葉。

2は「あの時は最高だったよな」や「すごく楽しい時期だった」などの、過ぎたことへの想い出言葉。

3は「将来こうなったらどうしよう」「5年後の日本はお先真っ暗だ。もうダメだ」などの、まだ起きていない問題を悲観する先読み言葉。

4は「こういうものがあったらいいよね」や「将来こうしていきたいんだよね」などの、未来提案言葉。

この中でワクワクする会話を生み出すのは、4の**未来提案言葉**。

過去から未来へ。ネガティブからポジティブへ。

この二つのルートを使って、ワクワク会話を作ってみてください。

「今がダメなら、どうしよう?」と、問うことで、思考は前に進みます。

何かを批判したくなった時は、意識を未来に向けましょう。

こんなふうに言い換えてみよう

いつもの

ポジティブ

- 今の職場、ほんとダメ → 方向性をこう変えたらいいかも
- 俺はダメダメ人間だ → これからどんな人間になっていこう
- あの時の失敗が…… → あれを学びにして何に活かそう
- 決断間違ったなぁ → 次の決断はいい方向にしよう
- 過去の自慢話 → 過去の経験あってこその今の目標

●歴史はこうだ！ ――→ 歴史を踏まえて未来を予測すると〜

●お金がない ――→ これからどうやってお金を稼ごうか

●あの店員が最悪だった→もっと優しくなれたらいいね

●友人に裏切られた ―→ 次はどんな人に出会えるかな

●旦那の愚痴 ――→ こんな家族を作りたいんだよね

●今まではこうだった ―→ これからはどうしていく？

えらせんの一言

現状がダメだと思えるってことは、理想の世界観を持ってる証拠。
そっちに目を向けると、未来は明るくなるかも。

悲しい出来事も裏を返せば、ハッピーな側面があるはず。
ポジティブ変換をマスターしましょう。

いつもの

いつもの商品が売り切れ

ポジティブ

新しい商品に出会えた

悲しい出来事をプラスに

あなたが買い物に行った時、いつも買っていた商品が売り切れていたら、どのように感じますか？
「今日はツイてないな」と感じる人もいるかもしれません。

しかし、いつもの商品がないということは、替わりの商品との新たな出会いのチャンスでもあるわけです。そう考えると、商品が売り切れていたことは、むしろ感謝できることに変わります。

出来事をポジティブにとらえられる人と、ネガティブにとらえる人の違いはどこにあるのでしょうか。
それは「**どんな接続詞を使っているか？**」です。

例えば今回の例で言うと、
商品が売り切れ　↓　「そのせいで……」　↓　買えない。ツイてない。
商品が売り切れ　↓　「そのおかげで……」　↓　新しい商品に出会えた。

「そのせいで」を使うと、その後の言葉は100パーセント後ろ向きになり、「そのおかげで」を使うと、その後の言葉は100パーセント前向きになります。
つまり、前向きか後ろ向きかの違いは、性格の違いではなく、使う接続詞の違いなのです。

A：「○○のせいで」と1日100回言う人
B：「○○のおかげで」と1日100回言う人

Aさん、Bさんは、まったく同じ1日を過ごしても、真逆な1日を過ごしたと感じるはずです。

ここで少し練習してみましょう。部屋にゴキブリが出たとします。

「ゴキブリが出た」→「でも、そのおかげで……」→「掃除をするきっかけになった」→「ありがとうゴキブリ君」……。

このように接続詞を変えて、出来事をポジティブにとらえていくと、何が起きてもハッピーでいられる思考の癖がついてきます。

魔法の質問「でも、そのおかげで……？」を使い、裏側の幸せを発見しましょう。

こんなふうに言い換えてみよう

いつもの

ポジティブ

- モノをなくした ──→ 大切さを再確認できた
- 買ったものが壊れた ──→ 修理のスキルが身につく
- データが飛んだ ──→ 頭をフル回転させるいい機会
- 試合で逆転負け ──→ 悔しさから精進できる
- エレベーターが故障 ──→ 運動できるチャンス

- ソースが切れた ⟶ 新しい味探しのきっかけ
- 転んだ ⟶ 話のネタができた
- 荷物が重たい ⟶ 筋トレになる
- 給料が下がった ⟶ 自炊して女子力UP
- 雨でひきこもり ⟶ 自分時間を確保できる
- 夢やぶれた ⟶ 次の手段を考えるチャンス
- 仕事量が多過ぎる ⟶ 課題をもらえて勉強になる

えらせんの一言

人生は短いし、嫌な面を見つめることに時間を使ってる暇はないよ。

「笑われた」ではなく、「（相手の）笑顔を引き出せた」。

ポジティブジョークに変換すれば気持ちもラクに。

いつもの

笑われた

ポジティブ

笑顔を引き出せた

悲しい出来事をプラスに
～対人関係編～

昔、ソフトバンクの孫正義社長がツイッターで、「髪の毛の後退度がハゲしい」と言われた時に「髪の毛が後退しているのではない。私が前進しているのである」とポジティブジョークで返信し、話題になったことがありました。

これはジョークですが、このように**発想の転換をすることで、ポジティブ変換できる**ことはたくさんあります。

例えば、あなたが小さな失敗をした時、「笑われた」と恥ずかしい思いをしたことはありませんか？このような時でも、「笑われたのではなく、笑顔を引き出せた」ととらえると少し気持ちがラクになるでしょう。

同じようなロジックで、次のような言い換えが考えられます。

悪口を言われた　↓　人から注目されている
怒られた　↓　期待されている
上司が厳しい　↓　成長させてくれる

悪口を言われると感情がぐらつくこともあるでしょう。しかしよく考えると、悪口を言う人など、大した人間ではありません。あなたの人生という物語にとっては、サブキャラです。あなたに注目している大勢の中の一人に過ぎません。気にせずポジティブ転換してしまいましょう。

逆に、ちゃんとした注意をされた時は、それだけ自分に向き合ってくれる人間がいる環境に感謝しましょう。怒られるということは、相手の想定よりも大きく事実が下回っていた、ということ。つまり、それだけあなたが高く見積もってもらえていた証拠です。

人は、他人から思われる自分になっていきます。**周りからどう見られているかは「あなた自身があなたをどう思っているか」に大きく影響します。**

例えば、あなたの親しい友人5人が「あなたは頭が良い」と思っていると、実際にあなたはそのように振る舞うでしょう。結果、本当に頭が良くなります。「あなたは面白い」と、周りから思われていたなら、あなたは面白い人間になっていくでしょう。

ということは、あなたを高く評価してくれる人と関わることは、あなたの成長への近道です。

そう考えると、「自分を高く見積もってくれる人」は、とてもありがたい存在です。自分に期待して怒ってくれる人の言葉は、感謝して受け止めましょう。

(こんなふうに言い換えてみよう)

いつもの

ポジティブ

- 恋人に振られた ──→ 次の恋の始まり
- 恋人と別れた ──→ 次のステージ
- 微妙なプレゼント ──→ 意外な魅力を発見できた
- 嫌な人にばったり会った ──→ 良いところを見つける挑戦
- 恋人が転勤になった ──→ 別荘ができた

- 恋人がネガティブ ⟶ 明るくフォローできる
- お客さんのクレーム ⟶ 無料のアドバイザー
- 先生、上司に怒られた ⟶ 期待に応えるチャンス
- 育児に疲れた ⟶ 子どもと真剣に向き合ってる証拠
- 友人とケンカした ⟶ 友人をもっと深く知った

えらせんの一言

あなたはあなたの人生の主人公。
素敵な物語を作るために、キャスト選びは大事だよ。

「捨てる」という行為は、大切なものを「選ぶ」ためのもの。
同じ行為でも言い方次第で真逆のイメージに。

いつもの

捨てる

ポジティブ

選ぶ

ネガティブ単語

同じ行為や行動、状態を表す言葉でも、言い方次第で意味が真逆になる言葉はたくさんあります。
例えば、「失敗→経験」「捨てる→選ぶ」「自己満足→オリジナル」など。

どうですか？　ちょっとポジティブな気持ちになりませんか？
このような言葉を口に出して使っていると、実際のとらえ方も変わってきて、気持ちも晴れやかになります。

このような単語に言い換えるコツは「（その行為や行動は）何のため？」と考えてみること。
例えば、「捨てる」なら、捨てるという行為は、何のためでしょうか？　モノを減らして、身軽になるためと考えることができますよね。つまり「好きなものだけに囲まれて生きる」ことであり、大切なものを「選ぶため」の行為だと言えます。

「失敗」も、今、この瞬間だけを見ると失敗になります。しかし、「失敗の結果どうなるか？」を長いスパンで見れば、成功するための材料の一つと考えられますよね。そう考えると失敗は「経験」へと変化します。

短いスパンで考える　→　ネガティブに
長いスパンで考える　→　ポジティブに

これは、思考の時間と言葉の関係性です。**ポジティブかネガティブかは、考えている時間軸次第で変わります。**そのためのコツは、現状を「状態」で表現することです。

例えば、「私は無職だ」という表現を「今、私は無職の状態だ」というように、**「今、〇〇の状態である」**という表現を使ってみてください。

そうすると「今はそうだけど、未来はどうなるかわからない」という意味合いになります。印象が大きく変わって、「未来はどうしようかな」と考える余裕が生まれるのではないでしょうか。

「今、無職の状態だ」ということは、これから何を選んでもいいということ。すると「夢を追いかける人」という言い換えが思いつきますね。

人生は長く、ずっと繋がっています。断片的な出来事なんて、一つたりともありません。今だけを切り取って悲観することは、無意味。幸せは「今いる位置」で決まるのではなく「どこに向かうか」の方角で決まります。どんな状況でも夢を追いかけている人、目標がある人は幸せですよね。

こんなふうに言い換えてみよう

いつもの → ポジティブ

- ピンチ → チャンス
- 間違い → 異なる視点
- 疲れた → 出し切った
- 孤独 → 自立している
- 難しい → やりがいがある

- わがまま → こだわり
- 退屈 → 平穏無事
- 離婚届 → 卒論
- 無駄遣い → 未来への投資
- 不登校 → フリーダム
- 愛想笑い → 空気を読める

えらせんの一言

現状がどこであろうと、あなたが今立ってる場所がスタート地点だよ。

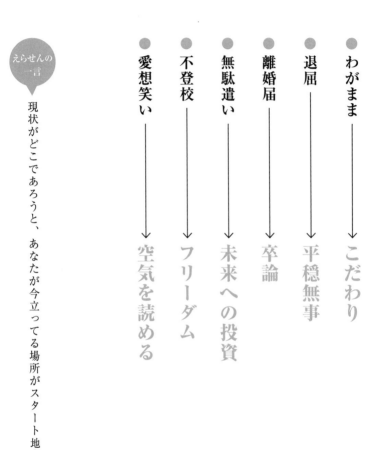

短所と長所は紙一重。
コンプレックスも言い換えて、自分の良い面を再発見。

いつもの

マイナス思考

ポジティブ

思慮深い

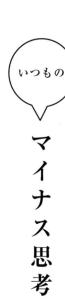

短所は長所
～ネガティブ、気弱さん～

短所と長所は紙一重。あなたが大嫌いだと感じる性格も、見る人が違えば長所となります。
自分の性格が嫌いな人でも、周りからは愛されていることもあるはずです。

例えば、「マイナス思考」という言葉。一見ネガティブなようですが、マイナス思考というのは、それだけリスク面に目を向けることができる、ということ。いろいろな思考を巡らせ、いろいろな事例を考え、いろいろな未来のリスクを予測することができるのです。

すべてまとめると、「思慮深い」と表現できるでしょう。思慮深く考えることができる人は、楽天的な人がたどり着けない答えを出すことができるので、どんな組織にも必要です。
マイナス思考は一つの才能なのです。

他にも似た事例で言えば、「心配性」の人は「危機管理能力が高い」と表現できます。なぜなら、心配性というのは、未来のリスクを先読みする能力があるということ。ビジネスの世界でも、「楽天的な人と心配性な人がタッグを組む」というパターンは多くありますよね。心配性であることもまた、一つの才能。楽天的過ぎるような人と組むと、大きな力を発揮することでしょう。

さらに、「流されやすい」ことも才能です。これは、「協調性がある」と言い換えることができます。流されやすい人は水のようなもので、どんな形にもフィットすることができます。「柔軟性がある」と言ってもいいでしょう。

どんな人にも欠点があり、どんな人にも悩みがあります。だからこそ、人は輪の中で生きているのです。

時代の流れとともに、活躍する人材も変わります。転職して環境が変わることで、一気に成功する人もいるでしょう。性格は環境によって、長所にも短所にもなるからです。**自分にコンプレックスがある人は、ぜひ言い換えをすることで、自分の良い面を発見して**もらえたら嬉しいです。

また、この本を読んでいるあなたは、きっと優しい心の持ち主でしょうから、他人の短所を長所に変えてあげる人になってほしいと思います。

ちょっとした会話の中でも「あの人はマイナス思考だからね」ではなく、「あの人は思慮深い人だからね」と表現するだけで、ずいぶん印象が変わりますよね。そう言えるあなたのことを、周りは「他人の才能を見つける素敵な人」「他人を悪く言わない素敵な人」「周りの空気を元気にする人」と感じるはずです。何より、このセリフを言ったあなた自身が魅力的に映ることでしょう。

どうせなら、自分にも他人にも、良い面を発見できる存在でありたいものですね。

こんなふうに言い換えてみよう

いつもの	ポジティブ
気が弱い	相手の気持ちを尊重できる
	優しい
暗い	落ち着いている
	奥ゆかしい
落ち込みやすい	深く物事を考える

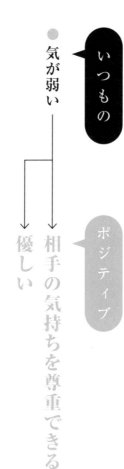

● ネガティブ思考 → リスク管理ができる

● 影が薄い → たまの発言に重みがある

● あがり症 → 反応が素直で信用できる

● 臆病者 → 思慮深い

● 人と比べてしまう → 観察力がある

えらせんの一言

良い面と悪い面、どっちを見ているかで人生は変わるよ。

少ないことは悪いことではありません。
ネガティブにとらえられがちな性格にも、必ず良い一面が。

いつもの

友達が少ない

ポジティブ

一人ひとりとじっくり付き合える

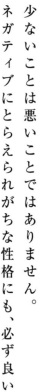

短所は長所
～コミュニケーション下手～

あなたが旅行に行く時、スーツケースにはどれくらいの荷物を入れて行きますか？　容量いっぱいに荷物を詰め込んでしまえば、帰りにお土産を入れることができなくなります。

人生もスーツケースと同じです。

それぞれ器のサイズは違えど、余裕がない時は何も追加できませんし、余裕があれば、新しい出会いに気づけます。**人が新しいものに出会う時は、必ず生活の中に「余裕」つまり「余白」があるタイミング**です。

街に公園を作れば、子どもたちが集まってくるように、その先にスペースがあるからこそ、いろいろなものが引き寄せられてくるのです。

そう考えると、少ないことは「余白持ち」と言えます。

モノを捨てる「断捨離」は、「好きなものだけに囲まれて生きよう」というメッセージとともに、世界中で流行しました。これは人間関係にも言えることで、本当に大切な人だけにエネルギーを使い、どうでもいい人に振り回されていた時間を減らすことで余白が生まれます。そしてその余白は次の新しい出会いに変わるのです。

水でも空気でも身体でも、この世界にあるものすべて、「循環」があるからこそ良質な状態を保てます。それと同じで、人生も循環できる状態をキープしておくとバランスが良くなります。だから器がパンパンにならないように意識的に余白を作り、人生の循環を作りましょう。

「心に余裕のある人」って魅力的に見えますよね。なぜ余裕がある人に好感を持つのかと言うと、無意識に生活が上手に循環していることをイメージできるから。その人に「余白・循環」が見え、自分が入り込める余地を感じるからです。

所有しているものが少ない、関わる人が少ない、スキルが少ない、など一般的にはネガティブに言われるような状態でも、**「少ない」状態は、「新しいものと出会える余白持ち」と言える**のです。

「自分にはこれがない！」と落ち込むことがあれば、この話を思い出してください。

趣味も、仕事も、人も、余白があるからこそ、出会えるものですよ。あなたの可能性は無限大です。何もないことだって、ポジティブフィルターを通せば、いいことなのです。

こんなふうに言い換えてみよう

いつもの	ポジティブ
引っ込み思案	深く考えて行動する
	初々しさ満点
遠慮し過ぎる	他人に愛がある
内気	おしとやか
一匹オオカミ	自主性がある

- 口下手 → 聞き上手
- 口下手 → 重厚な人柄に見られる
- トークが苦手 → 口でごまかさない正直者
- 社交性がない → 客観的な視点で物事を見られる
- モテない → 一つの恋に集中できる
- デートで会話が弾まない → 横顔を見つめるチャンス

えらせんの一言

多さは豊かさってほど、人の心は単純じゃないよね。

ミスの多さをそのまま指摘するのではなく、
「スピードよりも正確性重視でお願い！」と言い換えて。

いつもの

ミスが多い

ポジティブ

スピード重視

能力発見①

あなたの後輩が仕事でミスが多い時、なんと声を掛けますか？「おい、なんでミスが多いんだ！」と怒っても、ミスが多い人には響きません。そうではなく、**「ちょっと今スピード重視になってるから、次からは正確性重視でお願い！」**と伝えた方が響きます。

これは言い方を優しくしたからではありません。**相手の価値観と擦り合わせをする言葉**を使っているからです。ミスが多いということは、その人には正確性よりも他に優先することがある可能性があります。

例えば、

Aさんは、優先順位が「1位：スピード　2位：質　3位：量」

Bさんは、優先順位が「1位：質　2位：量　3位：スピード」

という価値観で仕事をしているとします。この価値観の違いが根底にあったままでは、注意しても効果は薄いでしょう。

たまたま表面に出てきた問題を怒っても、根っこから共有していなければ、別の場面でまた問題が表面に出てきます。そのために「ミスが多い」ということを「スピード重視」だと言い換えてあげると、悪い言葉を使わずに、価値観を共有することが可能です。

怒りたくなる気持ちもわかりますが、いったん「相手の優先順位は何だろう?」と考えてみて、自分が伝えたい優先順位を共有しましょう。
人は誰しも自分の価値観を理解してくれる人が好きです。

まったく同じ優先順位で生きている人間ばかりになったら、世の中は面白くありません。違うからこそ、協力して生きていくのが社会です。他人を認めながら、「今、大事なところはここだよ」と伝えるスキルがあれば、あなたのチームはもっと力を発揮できるでしょう。

人は「何を言うか」で人格を見られています。

「あの人が他人を悪く言うところは見たことがない!」と言われる人を想像してみてください。なんだか信頼できそうですね。逆に言えば、それだけ悪い言葉が信頼を落とす行為だということです。
相手の欠点を注意する時こそ、言い換え言葉を意識して使いましょう。

後輩への指導も、マイルドな言葉に変えてあげる余裕があると素敵ですね。

こんなふうに言い換えてみよう

いつもの → ポジティブ

- 計画性がない → フレキシブルな行動力がある
- 行き当たりばったり → 柔軟性がある
- 優柔不断 → 柔軟性がある
- 器用貧乏 → マルチな才能
- 聞き間違いが多い → 伝言ゲームの主役

- 三日坊主 → 切り替え力がある
- いつもギリギリ → 土壇場に強い
- 要領が悪い → 一つひとつが丁寧
- 物忘れが激しい → 心をリセットする天才
- 応用がきかない → 基本に忠実
- 経験不足 → 斬新な発想が期待できる
- 集中力がない → 小さな変異を察知できる

えらせんの一言

あなたがいつも使ってる言葉すべてが、あなたの人格そのものだよ。

短所や欠点をポジティブ変換するコツは、
その人が活躍するシーンを考えてみること。

いつもの

我が強い

ポジティブ

リーダーシップがある

能力発見②

元陸上競技短距離選手のウサイン・ボルトがすごいと言われるのは、100メートルを9秒58で走れるからではありません。他の人と比べて速いからです。

山に住む人と海に住む人が、それぞれ山菜と魚を交換するのは、お互いの持っていないものを持っているから。お金持ちがチヤホヤされるのは、お金を持っている人が少ないから。つまり、価値は他人との違いから生まれるのです。

差があることは価値そのもの。チームを組む時に、異なるタイプのメンバーを揃えるように、**性格も他人と大きな違いがあればあるほど、大きな価値に変わります。**

例えば、「我が強い人」は、「自分の想いを主張できる」という特徴を持っています。これはリーダーに必要な素質です。

自分の意志を押し通せる自信があるとも言えるでしょうし、チームを引っ張る強引さは武器となります。そんなふうに我が強く強引な人は、方向性が正しい時には、物事を引き起こすための起爆剤となることでしょう。

他にも、「すぐキレる人」は、それだけ「一つひとつのことに真剣」ということ。どうでもいいことにキレる人はいないので、その人にとっては、キレるほど真剣に向き合っているということです。そのエネルギーを良い方向に変えれば、同じく起爆剤となります。

ポジティブ変換する時のコツは、**「もしもあの人が、〇〇な場面にいたら？」と、その人が活躍できそうなシーンをイメージすること**です。

例えば、細かいところに口うるさい人も、リスク管理が必要な環境であれば重宝されますし、辛口な人も、背中を押してほしい人の相談相手には最適かもしれません。

どんな性格も特徴も、環境によって価値に変わるのです。

くり返しますが、みんなと違いがあるからこそ、価値が生まれます。

自分の想定外にいる人たちを批判するのは簡単でしょう。でも、想定外の世界に「いいね」を押せる人の方が素敵ですよね。

周りにいる人の価値を引き出せる存在を目指しましょう。

こんなふうに言い換えてみよう

いつもの	ポジティブ
●プライドが高い →	誇り高い
●自己主張が強い →	自分の意見を持っている
●態度が横柄 →	物怖じしない
●偉そう →	自信に満ちている
●上から目線 →	リーダーの素質がある

- うるさい→元気がある
- すぐ怒る→感受性が豊か
- キレやすい→自分に素直
- 短気→効率性を大事にしている
- 口が悪い→ストレートに表現できる
- 口うるさい→重要事項を思い出させてくれる
- 悪口をよく言う→観察力がある

えらせんの一言

あの人が一番活躍できるのはどこだろう？　って考えると、自然と余裕が生まれるよ。

ちょっと付き合いづらいなと思う相手。
他人の性格は変えられないから、とらえ方を変えた方が幸せです。

いつもの

遠慮がない人

ポジティブ

心の扉を開ける名人

能力発見③

あなたは、人と関わる時に「この人、ちょっと馴れ馴れしいな」と思ったことはありますか？
「遠慮がない人」とは、距離感が近過ぎる人のことを言いますが、人は、ひとたび仲良くなれば、どんどん距離感が近くなります。初めから距離感が近い人は、それだけ「仲良くしたい！」という思いが強い人だと言うこともできますし、実際に、気が合う相手と仲良くなる時間も早いでしょう。

人は、大人になるにつれて、心の深い扉に触れずとも表面的な関係を維持することができるようになります。しかし、いくら年を重ねても、深く理解されたいと思う生き物であることに変わりありません。大人であろうと、心から仲良くできるのであれば、したいのです。

そんな時、「遠慮がない人」は、グイグイと他人の心に入り込むことができます。みんなが見えない壁を作って止まっている間に、スイッとそこを通過することができるというわけです。

つまり、それは一つの才能なのです。**「心の扉を開ける名人」**なんて表現もできますね。

また、「馴れ馴れしい人」は「場に溶け込みやすい」と言えるでしょうし、「厚かましい人」は「度胸がある」とも言えるでしょう。

他人の性格はなかなか変わりません。でも、あなたのとらえ方は変えられます。

自分の性格も同じこと。もしも一般的に短所と言われがちな性格や特徴を自覚していたとしても、良くとらえようと思えば、それは長所になるのです。

こんなふうに言うと、「そんなの開き直りだ！」と思う人がいるかもしれません。でも、開き直りもとらえ方によっては良いことなのです。持って生まれた性格を無理に矯正するよりも、とらえ方を変えて、人のために活用できるシーンを増やせばいいのですから。

出る杭は打たれる。でも、出過ぎた杭は打たれない。

これは性格にも言えること。持って生まれた特徴はそのままで魅力的ですから、無理に丸くなる必要はありません。ぜひ、伸ばしていきましょう。

人間、悪く言おうとすれば、いくらでも悪く言えますし、良く言おうすれば、いくらでも良く言うことができます。

ポジティブな言葉とネガティブな言葉、どちらの言葉をたくさん発したいのか、選べるのであれば、ポジティブな方を選べばいい、というのが僕の考えです。

こんなふうに言い換えてみよう

いつもの → ポジティブ

- 思い込みが激しい → 信念を貫ける
- 恩着せがましい → 感謝の引き出し屋さん
- しつこい → 意志が強い
- 空気が読めない → 空気を変えてくれる
- わがまま → こだわりがある

- せこい → 周りがよく見えている
- 言い訳が多い → 自己分析に長けている
  → 失敗の理由がわかっている
- 責任転嫁する人 → 人を信頼している
- コロコロ意見を変える → 変化に対応できる
- 口答えが多い → 言葉のキャッチボール上手
- 知ったかぶり → 演技力がある

えらせんの一言

良いか悪いかはとらえ方次第だよ。
そして、とらえ方は選ぶもの。良いものはどんどん採用していこう。

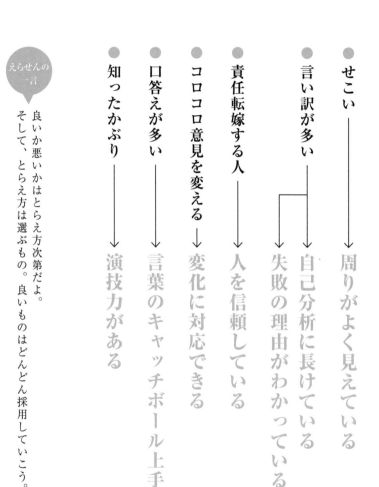

苦手な気持ちをそのまま口に出すと、あなた自身の印象もダウン。
さらっと言い換える器用さを。

いつもの

無気力無関心

ポジティブ

マナーモード

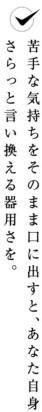

苦手な相手①

誰にでも、どうしても苦手な人はいます。しかし、その人の話題になった時に「あの人、ほんと嫌な人でさ〜」とあなたが悪口を言おうものなら、**実際にその人が本当に嫌な人だったとしても、印象が下がるのはあなた**です。

悪い言葉を吐き出すと、スッキリするかもしれません。一時的にドーパミンが出て、気持ちいいと感じるかもしれません。しかし、ドーパミンは欲張りな脳内物質で、一度放出されると「より大きな刺激」を求めるという性質があります。

ギャンブルやアルコール、薬物にハマるのも、同じようにドーパミンの性質によるもの。同様に、悪口にも依存性があるというわけです。

また悪口は、さらなる悪口を呼びます。そして、悪い言葉は空気感染していきます。それは感染症よりもタチが悪いかもしれません。悪口を言い続けると、あなたの悪口を聞いている人まで悪い言葉を発するようになっていきます。

逆に、いい言葉を発すれば相手にもポジティブな感情が伝染し、あなたの元にポジティブな性質の人が集まってきます。

例えば、あなたが職場にいる無気力無関心な人をどうしても許せない場合、そのまま許せなくてもいいのです。

でも、誰かに話す時は、少しだけ表現を変えましょう。誰かが「あいつ、やる気なくてほんとムカつく!」と悪口を言っている時には、**「うんうん、まああの人、ちょっとマナーモードだよね（笑）」**などと、さらっと言い換えてあげると良いでしょう。

苦手な人の中には、いくらとらえ方を変えようとしても、できない相手もいるはず。だからと言って、そんな人のためにあなたが悪い言葉を使うのはもったいないことです。

僕の友達に、カレーのお店をやっている人がいるのですが、彼が悪い言葉を使ったところを見たことがありません。何をやってもポジティブに反応してくれるので、いろんなことを話したくなります。悪い言葉が絶対に返ってこない人には、自分の話をしやすいですよね。

周りの空気も明るくなりますし、僕もなんでもその人に報告したり相談したりします。他の人もそう感じているでしょう。彼の周りには今日もいろんな人から、いろんな情報が入ってきていると思います。

情報通になるコツも、言い換え言葉を使うことにあるということですね。

こんなふうに言い換えてみよう

いつもの	ポジティブ
愛想が悪い	媚びを売らない正直者
	気疲れすることがない
融通がきかない	周りに流されない
頑固	意志が固い
意地っ張り	意志が強い

- 理屈っぽい　→　論理的
- 不平を言う　→　よく気がつく
- 協調性がない　→　個性的
- 人をうらやむ　→　向上心がある
- 潔癖症　→　プロの綺麗好き
- 覇気がない　→　落ち着いている
- 冷酷　→　情にほだされない

えらせんの一言

ポジティブな言葉は、人も、情報も引き寄せるよ。

大雑把さを指摘する時に「ちょっと、おおらかが過ぎてない？」。
笑いで和ませつつ相手に主張を伝えられます。

いつもの

大雑把

ポジティブ

おおらか

苦手な相手②

あなたの周りに、「この人ずぼらだなぁ」「いい加減だなぁ」と感じる人はいませんか？
そのような人は、言い換えれば、それだけ柔軟性があるということです。
「大雑把過ぎじゃない？」と表現すれば、相手を責めることになりますが、「ちょっと、おおらかが過ぎてない？」などと表現すれば、笑いで雰囲気を盛り上げつつ、相手に言いたいことを伝えることができるでしょう。
また、そのように表現した方が、相手は自発的に気がついて、直してくれるようになります。

多くの場合、自分の欠点には、本人も薄々気がついています。でも、それを他人に真正面から批判されると、気持ちが萎えたり、反発したくなるもの。
なぜなら、真正面から批判するということは「自分は100パーセント正しい」「相手は100パーセント間違っている」と主張しているのと同じだからです。

性格や生き方には、正解がありません。

正解がないものに対して、「私が正しくて、あなたは間違い」というスタンスを取る人に対して、素直になれる人は少ないでしょう。逆に、お返しにと言わんばかりに、相手の欠点を探そうとするかもしれません。

これは、心理学では「返報性の原理」と呼ばれますが、人はプレゼントを受け取ったらお返しをしたくなるという性質を持っています。そのネガティブバージョンが起こるわけです。

また、冗談で使う言い換え言葉は、場の空気を楽しくします。

例えば、おしゃべりばかりでご飯を食べるのが遅い人を見て、「食べるの遅っ！」とツッコミを入れるのもいいですが、「優雅に召し上がるね（笑）」と言った方が、ウィットに富んだ面白さがありますよね。

何気ない普通のツッコミも、**言い換え言葉で、どこか知的な笑いに変える**ことも可能なのです。

笑いも指摘も、言い換え言葉でポジティブに変換しましょう。

こんなふうに言い換えてみよう

いつもの

ポジティブ

- 面倒くさがり → 省エネ
- ぐうたら → 自分の気持ちに正直
- いつも遅刻してくる人 → 一人時間をくれる人
- 時間にルーズ → 時間にゆるやか
- 浪費家 → 経済活性化に貢献

- 落ち着きがない → アクティブ／場に活力を与える存在
- 上昇志向がない → 悟りを開いた
- 現実逃避する人 → 気分転換がうまい人
- すぐ謝る人 → 穏便に受け流せる大人
- 人の言いなり → 協調性がある
- 朝に弱い → 夜に強い

えらせんの一言

ツッコミもポジティブに。その場に幸せを届けるよ。

「ぶりっ子」は、自分を可愛く表現するために頑張る「努力家」。

苦手な相手でも、ポジティブに言い換えるのが大人の余裕。

いつもの

ぶりっ子

ポジティブ

努力家

苦手な相手③

世間では、「ぶりっ子」は批判されがちです。しかし、ぶりっ子は「自分を可愛く表現している」行為にほかなりません。

異性に対して媚びる人を嫌う心理は、他人が抜きん出るのが気に食わないという感情によるもの。つまり、嫌悪感があるということは、相手に対する敵対心や悔しさが混じっているのです。

人に気に入ってもらうために頑張るのは素晴らしいことです。

就職活動で企業に気に入ってもらうために努力するのと同じで、その対象が同性であれ異性であれ、努力をしていること自体が素敵だと思いませんか？

そう、それはそれで、一つの生き方なのです。

「ぶりっ子」と呼ぶとネガティブなイメージがありますが、「努力家」と呼ぶとイメージが変わります。会話の中で、友人が「あの子、本当にぶりっ子だよね」と言ったなら、あなたは「そうね、努力家だよね」と、こっそり言い換えてみてください。ぶりっ子という言葉の印象が変わるのみならず、周囲はあなたに大人の余裕を感じることでしょう。

ちなみに、男性は多くの場合、「ぶりっ子を批判する女性の心理」に気がついていることが多いので気をつけましょう。

つまり、あなたがどれだけ素敵な女性でも、同性への敵対心を批判によって解消している様子を見ると、魅力度が下がってしまうのです。決して、あなたのためにはなりません。そんな時は、スルーをするか、敵対心があることを認識した上で、相手の努力の姿勢を認めてあげましょう。

また、「ひねくれている人」も「独創的な視点を持っている」と表現できます。ひねくれている人は、みんなと同じ答えに違和感を抱き、自分独自の答えを導き出している人です。

ひねくれている人は、真理を追求する才能の持ち主なのです。

もしかしたら、この本を読みながら「こんなの、まやかしだろ?」とひねくれてとらえている人もいるかもしれません。でも、それは、さらなる良い答えにたどり着くために必要な考え方でもあります。

もっと良い言葉を導けた人は、僕に教えてくださいね。

こんなふうに言い換えてみよう

いつもの		ポジティブ
恋バナが長い	→	恋に一途で健気
八方美人	→	フレンドリー
寂しがり	→	他人と共存できる
気が多い	→	好奇心旺盛
悪がしこい	→	発想力がある

● 頭でっかち → ロジカルシンキング

● 不気味な人 → ドキドキさせる人

● 男性が苦手 → トラブルに巻き込まれない

● 嘘が下手 → 正直

● 無鉄砲 → 挑戦者

えらせんの一言

どんな方向でも、努力は努力。
他人の努力には無条件で「いいね！」

COLUMN
24万人の言い換え言葉①

「めんどくさい」をポジティブに言い換えると？

僕のインスタグラムのフォロワー24万人に聞いた回答の一部を紹介します。使ってみたい言葉はありますか？　あなたも考えてみてくださいね。

〈発想転換編〉

（他に）夢中なものがある／今は他のことをやりたい／時間をかけられる／丁寧にやろうと思える／手間をかけることができる／じっくりやりたい／やりがいがある／暇が潰れていい／あまったパワーを消費するチャンス／自分を良くするひと手間／自分のペースがある（メリハリが大事）／他の方法はないか探せる／楽しくやる方法を考えられる／それだけ大変なことに挑戦しようとしてる／効率重視できる人／経験値になる／頑張ろうとしている証拠／忍耐力が身につく／成長するチャンス／やり遂げたら成長できる／やることがたくさんで贅沢／世の中から求められている／やることがあって暇じゃない／責任がある／努力の時間／やったらいいことある／修行に励む／面白そう／踏ん張り時／始めれば終わる／明日、楽できる／「しない」選択肢を持っている／やらせていただけることが光栄／神様に試されてる／後々やって良かったと思うこと／自分の力になる／自分に優しくする合図／明日がある／先を読む想像力が半端ない／自分に与えられたチャンス／大きく変われるといい／また知識が一つ増える／自分の気持ちに素直／成長できるイベント／勉強になる／真剣にやってる証拠／未来への準備／いかに楽にやるか考えられる／やろうとはしてる証拠／挑戦しようとしてる／やるべきことがたくさんある幸せ／慣れれば習慣／今やっちゃえば楽／これが終わったら解放される／その分、誰かのためになる／達成感チャンス／やれば終わる

〈意味は同じ言い換え〉

優先順位が上がらない／ハードルが地味に高い／気が乗らない／気分が今じゃないって言っている／ちょっと休みたい気分／手間のかかるやつ／時間がかかりそう／生活を豊かにする一手間／丁寧な暮らし作業／一番最初にやること／めっちゃ頑張ればいけるかも／先に終わらせれば楽／次に進む過程／少し様子を見たい／魅力を感じない／今やらなくて大丈夫／ややこしい／大仕事／私には不向き

〈自分の状態〉

省エネモード／スイッチオフ／休む合図／やろうとしている自分偉い／こなした自分偉い／スロースターター／ゆっくり休もう／今チャージ中／人生の寄り道中／今日は閉店／今は時期じゃない／現状に満足できている

郵便はがき

お手数ですが
切手を
お貼りください

150-8482

東京都渋谷区恵比寿4-4-9
えびす大黑ビル
ワニブックス書籍編集部

お買い求めいただいた本のタイトル

本書をお買い上げいただきまして、誠にありがとうございます。
本アンケートにお答えいただけたら幸いです。
ご返信いただいた方の中から、
抽選で毎月5名様に図書カード(500円分)をプレゼントします。

ご住所 〒 TEL(　　-　　-　　)	
(ふりがな) お名前	年齢 歳
ご職業	性別 男・女・無回答
いただいたご感想を、新聞広告などに匿名で使用してもよろしいですか?　(はい・いいえ)	

※ご記入いただいた「個人情報」は、許可なく他の目的で使用することはありません。
※いただいたご感想は、一部内容を改変させていただく可能性があります。

●この本をどこでお知りになりましたか?(複数回答可)

1.書店で実物を見て　　2.知人にすすめられて
3.SNSで(Twitter:　　Instagram:　　その他　　)
4.テレビで観た(番組名:　　)
5.新聞広告(　　新聞)　　6.その他(　　)

●購入された動機は何ですか?(複数回答可)

1.著者にひかれた　　2.タイトルにひかれた
3.テーマに興味をもった　　4.装丁・デザインにひかれた
5.その他(　　)

●この本で特に良かったページはありますか?

[　　]

●最近気になる人や話題はありますか?

[　　]

●この本についてのご意見・ご感想をお書きください。

[　　]

以上となります。ご協力ありがとうございました。

第2章

シーン別
言い換え言葉

ここでは、言い換え言葉が特に効果的な
「お願いする」「褒める・感謝する」
「断る・謝る」「注意する・叱る」という
4つのシーンについて、
詳しく解説します。
いろいろなパターンを紹介していますので、
ぜひ活用してみてください。

シーン①

お願いする

お願いは、された側も笑顔になれる！

「こんな時、なんて頼めばいいのかわからない」「お願いしたものの、言い方を間違えたかも……」。

そんなことを思ったり、悩んだことはありませんか？

他人へのお願いごとは、言い方を少し間違えただけで、どうしても「押し付けられた」「雑に扱われた」などと思われてしまいがち。

しかし、まったく同じことをお願いしても、「私に頼んでくれた！」「私を頼ってくれた！」と、喜ばれる伝え方があったらどうでしょう。

お願い上手になることは、周りの人への優しさにも繋がります。

そこで、ここでは、お願いする時に相手を嫌な気持ちにさせないだけでなく、逆に、相手が笑顔になれるお願いの仕方を紹介していきます。

読み終わるころには、きっと、人間関係の悩みがスーッと軽くなっていることでしょう。

相手が気持ちよく協力したくなるお願いのコツは、「あなただから頼みたい」という理由を伝えること。

いつもの

今から会議に参加して

ポジティブ

あなたのアイディアが欲しいから、参加してくれない？

「あなただから」を伝える

あなたはどんな人からお願いされると、やる気になりますか？　きっと、あなたのことを認めてくれている人ではないでしょうか。お願いごとのコツは、相手をやる気にさせることです。

人は、「自分がいないとダメなこと」に使命を感じます。例えば、子育て。親があれだけ大変な育児をやり遂げられるのは、「自分がいなければ、死んでしまう存在」がそこにいるからです。

〝自分にしかできない役割〟は、強力なモチベーションになります。逆に「誰でもいいんだけど、とりあえずあなたやっといて」と言われたら、やる気は下がることでしょう。

そもそも、お願いをする理由は、「自分はできないけど、他人ならできること」があるからですよね。そして、わざわざ「その人」にお願いするのは、「彼ならできそうだから」「彼女ならやってくれるから」という信頼があるためです。ですから、それをそのまま言葉にしましょう。

合言葉は「あなただから頼みたい」です。会議なら「あなたのアイディアが欲しいから」。相談なら「あなたにしか話せないから」。作業なら「あなたの力を借りたいから」。

損得を超えた関係性は、相手の使命感と連帯感を引き出すことで作られるのです。

相手のどんな能力が必要なのか、
具体的に伝えると頼まれた方のやる気もアップ。

いつもの

この仕事、代わりにやって

ポジティブ

得意分野だと思うから、力を貸してくれない？

能力褒め

物事をお願いする時のセリフは、大きく分けて二つあります。

1　自分視点の理由…手助けが欲しい場合（「自分が手一杯だから手伝ってほしい」など）
2　相手視点の理由…相手の能力が必要な場合（「あなたがいるとうまくいくから」など）

当然、頼まれる側が「協力したい！」と思うのは後者。相手視点の理由でお願いされた時ですね。

特に、**「自分のどんな能力が頼られているのか？」**が具体的にわかると人は納得し、やる気になります。例えば「社内一グルメな○○さんに、お店選びをお願いしたい」「盛り上げ力のある○○さんに、司会をお願いしたい」といった具合です。

漠然と褒めると社交辞令と思われるリスクもありますが、具体的な能力を添えると「この人はよく見てくれている」と感じるはずです。これで嫌な気持ちになる人はいないでしょう。

また、「お願い＝相手に役割（成長）を与えること」でもあります。お願いされて初めて自分の能力に気がついたり、初めての挑戦をすることもあるでしょう。お願い上手は育て上手でもあるのです。

あなたがもし誰かを指導したり教育したりする立場にあるなら、相手の能力を伸ばすためにも、「具体的な能力褒め×依頼」を、うまく使ってみてください。

お願いには、個人的な感情だけでなく
第三者の気持ちが加わるとさらに効果的！

いつもの

この仕事、担当してね

ポジティブ

○○さんが担当になったら、
みんな喜ぶと思います！

第三者の思いを代弁する

私利私欲で動く人より、家族のために行動したり、地域のために行動したり、世界のために行動する人に、人は協力したくなるもの。広い視野や大きな目標がある人を見ると、「自分もその一員になりたい」といった心理が働くためです。

お願いのシーンにも、この心理を応用することができます。お願いは、ただ私的な感情を押し出すのではなく、**「第三者」が登場することで、さらなる効力を発揮する**からです。

もし、あなたがものすごい才能を持っていて「あなたが○○をすれば、世界が笑顔になるんです！」と言われたら、断る理由はありませんね。しかし、「あなたの才能で一儲けさせてくださいよ！　分け前はあげまっせ！」と言われても、なかなか共感することはできないでしょう。

ポイントは**「そのお願いで、何人が幸せになる？」**と、考えてみること。あなたのお願いにも、きっと多くの人が関わっているのではないでしょうか？　夢を語る時、プレゼンをする時、演説する時、この法則を使えば多くの賛同者を得ることができるはず。

ちなみに、僕がこの本を執筆しているのは、世界中の人を前向きにするためですよ。

向上心や反発心が強い相手へのお願いは、
「（普通の人には）難しいけど……」とハードルを設けるのが有効。

いつもの

この問題解いてみてくれない？

ポジティブ

この問題、正答率20％らしいんだけど、解き方わかる？

先にハードルを上げておく

ある登山家の有名な言葉に「そこに山があるから」というものがあります。みなさんもご存じの通り、「なぜ山に登るのか？」という問いに対する答えですが、これは登山家に限ったことではありません。人は誰しも「目の前にハードルがあると超えたくなる」というシンプルな欲求を持っています。

例えば「難しい問題なんだけど、あなたならできるかもしれないから、話すね」と前置きされると、どう感じますか？　おそらく「お、聞いてやろうじゃん。その難しい話（俺に無理はないけど！）」と、やや前のめりな気持ちになることでしょう。

心は振り子と同じで、片側に大きく振れれば、反対側への振り幅も大きくなります。お願いする時はこの心理を応用し、**思わず超えたくなるハードルを設けて、相手のモチベーションを誘発**しましょう。

「正答率20％の問題。あなたはできる？」と言われたら、なんとなく解きたくなりませんか？　**向上心や反発心が強めなタイプには特に有効**なので、ぜひ、人を見極めて使ってみてください。

面白いもので、物理世界の法則は、心の世界でも有効なのですね。

シーン②

褒める・感謝する

いい褒め言葉は、一生残る！

「大好きなあの人を笑顔にしたい！」。そんな時、あなたならどんな言葉を添えるでしょうか？
「伝えたい」という気持ちは溢れるほどなのに、「どう表現したらいいかわからない」と悩んだ経験のある人は、少なくないはずです。尊敬していることを伝えたい、印象が良いことを伝えたい、かっこいいと思っていることを伝えたい……。

では、どうすれば自分の想いを、相手に120パーセント伝えることができるでしょうか？

そんな時こそ、褒め言葉の出番です。人は誰しも褒められたいと思っていますから、他人の褒め言葉がやる気となり、人生を好転させるきっかけになることもあります。つまり、褒め言葉を磨くことは、ときに、他人の生き方をも変えるということ。特に、心に刺さる褒め言葉は、何年経っても覚えているものです。

ここでは、どんな褒め言葉が他人の心に刺さるのか、紹介していきましょう。ここに書いてある褒め言葉を知れば、きっと誰かを褒めたくなってくるはず。そして、大好きなあの人の、とびっきりの笑顔も見られるはずですよ。

シンプルに「優しいよね！」もいいですが、
ギャップを用いると褒めの効果がアップします。

いつもの

優しいよね！

ポジティブ

一見クールな感じだけど、
本当は優しいよね

外見のマイナス × 内面のプラス

人はとにかくギャップが好きです。「細身なのに筋肉あるよね」「チャラそうなのに、誠実だよね」「だらしなさそうでいて、本当はしっかりしてるよね」など、「見た目とは裏腹に、すごいね」と言われると、褒めの効果が倍増します。

とはいえ、見た目からわからない場所を褒めるのは、人間関係が深まっていないとできないこと。

逆に言えば、見た目からわからない場所を褒めることで、お互いの距離感は縮まります。つまり、**あえて外見のマイナスを持ち出すのは、後半の言葉を強化できる**から、というわけです。

商品広告で「初めは怪しいと思っていたんですけど、使ってみたら印象が激変しました」というようなセールス文句をよく見かけませんか？ これは、「印象が低い ↓ (何かがあった) ↓ 印象が上がった！」といったストーリーで伝えられると、人は心を揺さぶられるからです。

実際、「使ってみてよかった！ おすすめです」と普通に伝えられるより、引き込まれますよね。

誰かを褒める時は、ぜひ「出会ってからどう心境が変化したか？」を考え、言葉にしてみてください。

「この本、初めは期待していなかったのに、読んでみたらびっくりでしょ？」というように。

誰でも変化に気づいてもらえると嬉しいもの。
具体的にわからなくても、「なんか変えた？」でＯＫです。

いつもの

いい感じだね

ポジティブ

今日、いつもと違うね。
なんか変えた？

「変化を褒められると嬉しい」の法則

人は、毎日変化しています。肌の調子が良かったり、ヘアワックスを変えてみたり、新しい香水を使ってみたり、流行のコスメを使い始めたり……。もしかすると、あなたに会うために直前に美容院に行ったかもしれません。そう、誰もが昨日よりも良くなるために、日々変化しているのです。

そこで、何か変化を見つけたら、ぜひ言葉にして、気づいていることを相手に伝えましょう。どこが変わったか具体的にわからなくても、**「今日いい感じだね！　なんか変えた？」**と言えば、相手が自らの変化を探してくれます。他にも「最近表情がいいね！　いいことあったの？」「最近痩せた？　綺麗だね！」「身体鍛えてる？　スタイルいいね！」など、変化していそうなことを見つけてください。

「何も変わってない場合はどうしたらいいの？」と思った人は、相手をよく観察すること。日々、同じ精神状態、同じ体重、同じコーディネートの人はいませんね。それでも変化がわからない場合は**「今日〝も〟元気そうだね。いいことあった？」**という言葉もいいでしょう。

ポイントは、今日〝は〟ではなくて、今日〝も〟です。

人は毎日、いい方向に変化しているのですから。

感想に「頻度」をつけ加えると特別感が出ます。積極的に伝えていきましょう。

いつもの

テンション上がった!

ポジティブ

今年一番テンション上がったかも!

こんなのレアケース理論

誕生日を祝ってもらうのは嬉しいことですね。でも、誕生日を祝ってあげられることも、同じように嬉しいことです。結婚式に出席できることも幸せですし、初めて運転する車に乗せてもらうのも幸せ。あるいは、友達の起業を手伝えるのも幸せなことです。

人生初の経験をさせてもらうのは嬉しいことですが、人生初の経験をさせてあげるのも嬉しいこと。**誰かの、滅多にない特別な瞬間に自分が立ち会えること**に、人は大きな喜びを感じるものです。

「人生で初めて！」「ここ最近で、一番笑った！」「今年一番、テンション上がった！」など、あなたが特別な瞬間であると感じた時は、ぜひそれを相手に伝えるようにしてみてください。ポイントは、**嬉しさに〝頻度〟を加え、強弱をつける**こと。他にも「こんなに笑ったの久しぶりかも」といったように、自然な表現ができるといいでしょう。

また、この方法は、出来事だけでなく人にも応用できます。「こんな話をできるのは○○君くらいだよ」と言うことで、〝あなたは特別だ〟ということを、サラッと伝えることができますよ。

真の褒め上手は、持ち物を褒める時も「人」への褒め言葉に繋げて表現します。

いつもの

それ、上品だね

ポジティブ

○○さんが持つと上品に見える！

持ち物よりも、選んだあなたが素敵

すべての褒め言葉は、なるべく「人に」繋げるようにしましょう。つまり、持ち物を褒める場合でも、「それを選ぶあなた（人）が素敵」というニュアンスを入れ込む、ということです。

ブランドのバッグを褒める時、そのまま表現すると「いいバッグだね！」となります。これを人への褒め言葉に繋げると、「いいバッグだね！　○○さんが持っていると上品に見えるね」となります。

モノはきっかけに過ぎません。モノを経由して、相手の考えやセンス、品に言及していきましょう。

また、「あなただから似合うね」という表現も、強い褒め言葉になります。例えば「そのネイル可愛い！」ではなく、「そのネイル可愛い！　上品なデザインが似合うね！」といった具合です。

こうすることで、モノと一緒に「○○さんだからこそ」を伝えることができます。

褒め言葉は人を対象にし、逆に批判言葉はモノを対象にするのがコツですよ。

ぜひ、あなたの素直な気持ちを伝えていきましょう。

「そういえば、あの時……」と、時間を置いて褒めると信頼性が増し、より相手に響きます。

いつもの

席譲るなんて、かっこいいじゃん

ポジティブ

あの時、席譲ったのかっこよかったよ

時差で褒める

農業では、種を蒔き、大事に育てて、実が一番大きくなるタイミングで収穫しますね。これは、ビジネスでも同じこと。初めはリターンをとらず、大きく広げてから収益化することで、後々大きなリターンを得ることができます。逆に、すぐに目先の利益を得ようとすると、小さな利益で終わります。

つまり、すぐに実を取らずに長い時間寝かせると、多くの利益を得ることができます。熟成させることで、いろいろなメリットがあるわけです。

これは投資でも人間関係でも同じ。良いことをした瞬間に「それいいね！」と褒めるのもいいですが、それに加えて、**後から「あの時はかっこよかったね！」**と言うと、より相手に響きます。「ちゃんと見ていてくれたんだ」と感動するでしょうし、**時差を使うことで、信頼性も増します。**

1日の中で良かったことを別れ際に言うのも効果的ですし、1週間前のことを「そういえば、あの時……」と、思い出して伝えるのも効果的。過去の想い出を掘り返して、褒めてみてください。

合言葉は「そういえば」です。ぜひ、過去の褒めネタを探してみてください。それを考える時間も幸せですよ。

どんな褒め言葉も、「前から思ってたけど」を添えるだけで
たちまち印象が強まります。

いつもの

優しいよね

ポジティブ

前から思ってたけど、
優しいよね

過去も含めて褒める

人は、長く続いているものを信頼します。例えば「創業100年の老舗和菓子店」と聞けば、美味しそうな印象を受けますよね。

ずっと続いているものは、「きっと今後も続くだろう」と安心感を覚えるのが人間です。

この原理は言葉でも一緒。「あいつ、お前のこと好きらしいよ」よりも、「あいつ、〝ずっと〟お前のこと好きって言ってるよ」の方が信頼できるものです。

つまり、**今だけの情報よりも、過去も含めた情報**の方が、言葉の情報量が多く、信頼できるのです。

ここでの合言葉は**「前から思ってたけど」**。「前から思ってたけど、可愛いよね」「前から思ってたけど、性格いいよね」など、どんな褒め言葉にも使える上に、強力な印象を残すことができます。

言われた方は、「前からってことは、あの時も？　この時も？」など、思わず過去に遡って思考を巡らせてしまうことでしょう。また、信憑性が上がり、「社交辞令かな？」と思われにくいのも、この言葉のいいところ。そう思うようになったきっかけがあれば、具体的に付け加えると、さらに信頼性がアップします。ポイントは、いつから思っていたのかを添えるだけ、ですよ。

感謝を伝える時には「○○さんのおかげ」。
相手との距離がもっと縮まります。

いつもの

この前はありがとう！

ポジティブ

この前はありがとう！
おかげで
うまくいったよ！

「おかげ」は魔法の言葉

「おかげ」を口癖にすると、人との距離が縮まります。もし、あなたが何らかの賞を取った時、「すごいね！」と褒められたらなんと返答しますか？

「え？　そう？　すごいっしょ？」と、おどけた返しをする人もいれば、「ああ、どうも」と、そっけなく返す人もいるでしょうし、「ありがとう！」と笑顔で返す人もいるでしょう。

もちろん、どんな返答をしてもそれは個性なので、良いも悪いもありません。しかし、どの返答にも**魔法の言葉「〇〇さんのおかげ」を付け加える**と、一気に雰囲気が良くなります。

「すごいっしょ？　〇〇さんのおかげだよ」「ああ、どうも。おかげ様で」「ありがとう！　みんなのおかげだよ！」。こんなふうに、前述のどんなキャラでも「おかげ」を差し込むことは可能ですよね。普段から、良いことは自分だけの手柄ではなく、環境や周囲の協力や支えがあるおかげだと考えていれば、自然と出てくる言葉かもしれません。

周りに感謝しながら生き、本音で「おかげ」が言える人は素敵です。逆に、今は感謝の心が持てなくても、「おかげ」と口にする回数が増えると、自然と周りへの感謝ポイントが目に入ってきますよ。

シーン③

断る・謝る

断ることで、評価が上がる！

断る場面では、どうしても、お互いにネガティブな気持ちになりがちです。

断って申し訳ないという気持ちもあるでしょうし、断られてショックだという気持ちもあるでしょう。

しかし、これらの気持ちは、単純にコミュニケーションのミスによるものなんです。


断る時には、いろいろな理由がありますね。相手が嫌いだから、本当に忙しいから、はたまた、能力的な問題か……。しかし、断られた側はその理由を勘違いするかもしれません。

例えば、本当に忙しくて断ったのに、「もう誘わないでほしいのかな？」と思われたり、仕事が手一杯だから断わったのに、「やる気がない」と思われることもあるでしょう。

つまり、断る際には、勘違いされない伝え方が肝心なのです。


そんな時、勘違いされないどころか、相手に好印象を与える断り方があることをご存じですか？

そんな「断ることで評価が上がる言葉」を知れば、今まで断ることが苦手だと思っていた人も、きっと気持ちがラクになるのではと思います。

代替案を提案することで、「本当は行きたい」という思いが確実に伝わります。

いつもの

先約がありまして

ポジティブ

次の機会はお付き合いしますので、また誘ってください

リスケジュール提案型

例えば、本当は行きたいのに、都合が合わず誘いを断らなければならない場合。「すみません。その日は行けません」という言葉だけでは、本当は嫌だから行けないのか、誘われたことをよく思っていないのか、予定が忙しいのかと、相手にいらないことを考えさせる余地を作ってしまいます。

断り文句は、言葉足らずになると、ともすれば誤解されがち。


そこで、言葉を補完し、思いを正確に伝えましょう。

その時に使える接続詞は「だけど」です。「今日は行けない。だけど……」と続けることで、自然とフォローの言葉が出てきます。「今日は先約がありまして……（だけど）」＋「次の機会はお付き合いしますので、また誘ってください」と言えば、真意は伝わりますね。

ぜひ「今日は無理だけど、他の日なら行きたい」という意思を言葉にして伝えましょう。

マイナスの言葉とマイナスの接続詞の掛け算は、プラスになるんです。


他にも「今日は調子が良くないので、やめておきます。（だけど）また来週にしませんか？」など、こちらから別の日程を提案するのも、しっかり思いが伝わるでしょう。

あいまいな返事はNG。断りのセリフは、どこまでならできるのかをそのまま伝えてみて。

いつもの

あ、行けます……

ポジティブ

30分だけでよろしければ参加します

条件付きOK型

お誘いへの返答は、「はい」か「いいえ」だけではありません。心はいつだってグラデーション。10パーセントだけOKな誘いもあれば、30パーセントまでOKな誘いもある。できれば断りたい時もあるでしょう。だからこそ、完全に断わらなくてもいいですし、完全に受け入れる必要もありません。

そんな時は「どこまでならOK、どこまではNO」をそのまま伝えてみましょう。誘われた側が主導権を握っていいのです。「〇〇でもよければ」をクッション言葉に使うと、上手に伝えられます。

食事に誘われた場合、時間の長さが厳しいならば「30分だけなら行けます!」と、**時間条件付きでOK**すればいいでしょうし、飲食メニューが厳しいならば「重たくない和食ならいけます」「日本酒は飲めないけど、カクテルなら飲めます」など、**ジャンル条件付きでOK**すればいいのです。

この伝え方は、マイルドに自分の意見を主張することができるので、距離感を詰めたい相手にもおすすめです。相手の提案の良いところだけ残して、自分の意見を乗っけてみてください。ちなみに完全に断りたい場合は「〇〇ならいいよ」の〇〇に無理難題を入れると、行く気がないのが伝わります。

心が0か100ではないように、伝え方も、0から100まで何通りもあるのですから。

「○○はできないけど、△△ならできる」は断りの王道構文。
引き受けたい気持ちはあるのにできない時に使って。

いつもの

明日までは無理です

ポジティブ

明日にすべては無理ですが、半分は終わらせます

代替案型

何か仕事の依頼をした時に「これは無理ですね～」とだけ返されると、人は「この人は、誠意がない」と勘違いしてしまいます。そこで、やる気や協力したい気持ちはあるのに、どうしてもできない時は、「どこまでならできるのか」を添えるだけで好印象になります。おそらく、それを聞いた相手が、それならば他の人に頼むのか、期日を遅らせても良いのかを決めてくれることでしょう。

「〇〇はできないけど、△△ならできる」。この構文を使うと、いろいろなパターンの断りの文章を作ることができます。「すべてはできませんが、一部ならできます」「今回はできませんが、次回なら大丈夫です」「私にはできませんが、できる人を紹介します」といった具合です。

仮に、すべてを断りたい時でも「今回はお受けできませんが、応援しています（応援ならできる）」「それは無理ですけど、他の方法なら協力できます」など、最後にポジティブな言葉を持ってくると、マイルドになりますよ。

終わり良ければ、すべて良し。ポジティブ着地を意識しましょう。

完全に断りたい時は、余計な理由を言わずに会話をシメて。
会話の主導権を握ることが大切です。

いつもの

あ、その日は予定があって……

ポジティブ

ごめん、行けない。でも誘ってくれてありがとう

きっぱり断りたい

どんなことでも、「終わり」を決める人は主導権を握ります。会話で流れをコントロールしたいなら、ぜひ、「シメの言葉」を言えるようになりましょう。シメの言葉とは、**「また時間がある時にでも」「でも誘ってくれてありがとう」**などです。

誘いを断りたい時に、シメの言葉を使わずに理由だけ言うと、代替案を言われる隙が生じてしまいます。「あ、今お金がなくて～」→「じゃあ、おごるよ」、「えっと、今日は忙しくて～」→「じゃあ、いつ暇してる？」など……。

一方、理由なしでシメの言葉を付け加えると、「ごめん、また時間がある時にでも」「ごめん、でも誘ってくれてありがとう」。そう、会話の流れが「行く」「行かない」を超越するのです。

「また時間がある時にでも」は、一見時間を理由にしているようですが、ポイントは具体的な日程を持ち出さないこと。もし「いつなら空いてる？」と食い下がられたら、「また確認しておきます」と返せば、主導権はこちらに戻るでしょう。完全に断りたい時は、**余計な理由は言わずに会話をシメてください。**

「終わりを制するものは、会話を制す」と覚えておきましょう。

シーン④

注意する・叱る

叱るなら、未来を見せる！

相手を叱ったり注意したりすると、どうしてもシュンとさせてしまいがち……。

ところが、言い方や伝え方を少し変えるだけで、それは、笑顔と感謝に変わります。

大事な人に「ごめんね」と言われるか、それとも「ありがとう」と言われるか、どちらがお互いにとって幸せでしょうか。また、あなたが叱られる時、どんな伝え方だったら感謝したくなるでしょう。

叱る目的は、相手をより良い方向へ導くことにあります。ですから、相手に必ず伝えるべきことは、相手を理解しようとしている姿勢と、思いやりの気持ちです。

では、相手に「自分のために言ってくれている」と、理解の姿勢を伝えるためには、どのような言葉を使うと良いでしょうか？

ここでは、決して押し付けがましくない、同じ目線で話すための言葉を紹介していきます。

上手な叱り方・注意の仕方のみならず、ぜひ、周囲の人への思いやりや、人を動かすコツも身につけてください。

注意のシーンでも命令はＮＧ。
「○○しなさい」は相手のやる気を削いでしまいます。

いつもの

勉強しなさい

ポジティブ

一緒に勉強しよう

「○○しなさい」ではなく「○○しよう」

あなたが子どものころのことを思い出してみてください。「親の言うことは聞きなさい」と言われた時と、「お父さんを信頼してほしい」と言われた時、どちらが心に響いたでしょうか。

年齢に関係なく、人は「命令」を嫌がる生き物です。なぜなら、**命令で動くのは「恐怖心」から。提案で動くのは「好奇心」から。お願いで動くのは「共感」から**。行動の意味がまったく異なります。

「勉強しなさい！」と言われ、恐怖心で勉強する子どもは、将来勉強嫌いになる可能性は高いでしょう。逆に「一緒に勉強しよう！」と、親が楽しそうに勉強していたら、子どもも勉強の楽しさに気づけるかもしれません。仕事でも、「この仕事やっておけよ！」と命令されたら面倒だなと感じますが、忙しい先輩から、「この仕事、俺がやってもいいんだけど、できる人いる？」と言われ、「今、手が空いてるので、僕やります！」と一度手を挙げたなら、同じ仕事でもモチベーションは変わるはずです。

人には、一度決断したらそれに矛盾がないように行動したいという心理効果（一貫性の原理）があるので、始まりを選ばせるのは効果的。取り組むまでの流れが、その後に大きく影響を与えるからです。

そう考えると「どっちでも良いけど、どうします？」というスタンスの営業マンはうまいのかも？

相手に直してもらいたいことがあるなら、
否定の前に、まずは行為の背景を聞いてみて。

いつもの

それは違うでしょ

ポジティブ

どういう理由でそうしたの？

相手の意見を尋ねる

あなたがダメだと思ったその行為を、なぜ、その人はするのでしょうか？
もしかしたら「悪いことだと思っていない」「特別な意味がある」「気を引きたいだけ」「根本の価値観が違う」「悪気がある」「一周回って善意」など、いろいろな理由が考えられますね。

いろいろな可能性があるからこそ、頭ごなしに「違うでしょ！」「ダメでしょ！」と決めつけて否定すると、相手は拗ねてしまうかもしれません。相手なりに良いことをしようとしたのに怒られたら、「理解してくれない人だ」と反発されることもあるでしょう。あなたに対して、心を閉ざす可能性もありま す。そもそも注意したところで、相手が心の底から理解しなければ、意味がありません。

そんな時は、「それは違う！」と思っても、一度、行為の背景を聞いてみましょう。意外な考え方が聞けたり、人生における優先順位の違いなど、思わぬ発見があるかもしれません。また、背景まで聞いて理解しようとするあなたの姿勢を感じて、相手はあなたの意見を聞こうと思うかもしれません。表面的な注意よりも、心の深いところから共有していく意識が大切です。

目に見える部分よりも、目に見えない背景の方が何倍も大きいのですから。

他人との比較は、否定ではなく、
ヒントとして使うのが上手な注意の仕方です。

いつもの

普通できるでしょ

ポジティブ

他の人はこうやってるみたい

解決方法を提案する

「こんなこともできないの?」と言われたら、ほとんどの人は落ち込みます。それだけでなく、この言葉には生産性がありません。単に、相手を落とすためだけの言葉だからです。「普通できるでしょ」「他の人はできているのに」なども、同じく生産性がない表現です。

他人と比較して否定するのではなく、他人の話を持ち出して、提案してあげましょう。仕事が進んでいない人には、**「他の人はこうやってるみたい」と材料（ヒント）をあげる**のです。

できなくて一番悔しいのは、本人。うまくできないということは、適材適所でない、経験不足でノウハウがない、メンタル面が不安定など、その原因はさまざまです。あるいは、あなたがとても優秀で仕事が早く、後輩がついてこられないという場合もあるでしょう。

でも、社会はチーム戦。鮮烈なパスよりも、相手視点のパスを打てる貴重な存在を目指しましょう。相手の至らぬところを思わず批判したくなった時は、ぜひ、提案型に変えて伝えてください。

優秀なあなたが目指すべきは、人を育てる司令塔。他人の話は批判ではなく、ヒントのために使ってあげてくださいね。

失敗を責めるだけの言葉に意味はありません。
次のチャレンジや次の方法を模索する言葉掛けを。

いつもの

だから言ったでしょ

ポジティブ

次は気をつけよう

未来に視線を移す

世の中に、失敗はありません。

こんなことを言うと「きれいごとを言うな、若造」と言われそうですが、確かに、失敗した瞬間に人生が終わるなら、失敗はすなわち失敗かもしれません。でも多くの場合、その後も人生は続きます。アメリカ第16代大統領のエイブラハム・リンカーンの有名な言葉に「きみがつまずいてしまったことに興味はない。そこから立ち上がることに関心があるのだ」というものがあります。

つまずいた時は、その瞬間のことを考え過ぎて、先が見えなくなることがありますね。そのような人には、未来を見せてあげたいもの。

例えば「だから言ったでしょ」と言うよりも、「次は気をつけて」と、次のチャレンジの話をする。「ガッカリした！」ではなく「さて、どうしようか」と、次の方法を一緒に模索する。

未来に目を向ける言葉は、相手を勇気付けます。失敗した人がいたら、**「じゃあ、どうする？」と未来を見せてあげてください。**ちなみに、人は落ち込んでいる時に導いてくれる人を強烈に好きになるという法則がありますから、あなたのファンを作るチャンスかもしれませんよ。

相手の意見が間違っていると思っても、
意見を比較すると、意外ともっと良い案が出てくるかも。

いつもの

その考え、間違ってるよ

ポジティブ

私はこういう考え方なんだよね

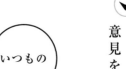

自分の考えを伝える

意見というのは視点の位置によって、正解不正解が変わります。

例えば、「A：仕事終わりは早く帰って休むことで仕事の質を上げるべき」「B：飲み会で社員同士の交流をすることで仕事の質を上げるべき」という二つの意見があったとしましょう。真逆なように見えますが、この二つのどちらの意見も含む「C：飲み会での交流は大事。でも、頻度については負担にならないように考慮しよう」という意見が出てきたらどうでしょうか。

このように、意見Aがあれば、反対の意見Bが生まれ、その両方を内包する意見Cが出てくる。こうして、社会は成長していきます。**二つの対立する意見が存在して、それらのいいとこ取りをしながら、次の時代へと進んでいく**イメージです。正しさは、振り子のように変化するものなのです。

人の思考もこのような順番で成長していくので、実は、反対意見は成長のために大事なもの。相手の考えを否定して「自分だけが正しい」と思い込んだ時、人は成長が止まってしまうのです。

ですから、注意をする時も「私の言う通りにして」ではなく「私はこう思うんだけど、あなたはどう？」。自分のためにも相手のためにも、意見を比較する余地を作ってあげましょう。

相手にやめてほしいことを言う時は、
メリットを提示すると受け入れてもらいやすくなります。

いつもの

恥ずかしいからやめて

ポジティブ

○○してる方が素敵だよ

「あなたのため」

「タバコをやめないと、1年後に死にますよ」と医者に言われたら、人の心は否が応でも動きます。

人を動かす言葉ランキングは、「1：恐怖心をあおる」「2：メリットを提示する」「3：否定する」という順番です。

1の恐怖心というのは、例えば就職活動の時に「履歴書は写真店で撮影した写真でないと落とされる」という類いのもの。そう言われたら、就活生は写真店に並びますよね。つまり「○○しないと、やばい未来になる」と言われると、人は動くのです。

2のメリットの提示は「この化粧水を使ったら、お肌ツルツルに」「これを飲むと痩せますよ！」など、その行為がもたらすメリットを鮮明にイメージさせること。

3の否定は、「それダサいから、この服買わなきゃダメ」「きみはアホだから、この本で勉強するべき」といったもの。これは、相手が発言者を崇拝している場合のみ有効です。

この三つの中でポジティブなのは、「2：メリットを提示する」ですね。恐怖や否定ではなく、「○○した方が素敵だよ」と、ポジティブなメリットを伝えてあげましょう。

COLUMN

24万人の言い換え言葉②

「雨の日ばかり」をポジティブに言い換えると？

僕のインスタグラムのフォロワー24万人に聞いた回答の一部を紹介します。
ぜひ参考にしてみてください。
あなたはどんな言葉を思いつきましたか？

〈大きな目線〉

地球の保湿／地球充電中／大地に栄養、植物に栄養がいく。今年の豊作、期待大！、作物が連日笑顔／美味しいお米がたくさんできる／天の恵みが多い／生命の水分補給／水不足にならなくて済む／地球の熱中症予防／傘業界大儲け！／地球の肌年齢爆下がり！／外出しにくいからコロナの収束が早まる／どこかでは必ず晴れている／晴れへの貯金／コインランドリーが儲かる／自然のかまってちゃん週間

〈個人的にメリット〉

毎日加湿器いらず／お肌しっとり、天然ミスト／日焼けしなくていい／傘に雨が当たる音が好き／雨の音で癒される／家のことができる／涼しくていい／洗車しなくていい／農家さんが喜んでいる／晴れの日が待ち遠しい／晴れの日の行動力が上がる／晴れたら〇〇しよう！／映えのチャンス！／明日は虹が見れるかも！／おしゃれな傘を持ち歩ける／体育しなくていい、50メートル走を走らなくて済む！／お気に入りの長靴がはける／ダムの貯水率上がるね（沖縄離島あるある）／傘で顔が隠れて歌える♪／次のステップへの準備期間／家で読書できる／東南アジアに旅行気分／家でＳｗｉｔｃｈ／家にいても後ろめたさがない／家族といられる／おうちデートが楽しめる／緑たちの栄養補給

〈ロマンチック編〉

お日様と遠距離恋愛／毎日虹が見れるかも／空の涙／空も泣きたい時期なんだね／気持ちの洗濯／「雲さん、つらいことがあったらうち来いよ」／毎日相合傘♡、相合傘で身を寄せ合いながら歩ける／「今から晴れるよ!!」／太陽は恥ずかしがり／毎日が自然のコンサートや／毎日お空がご機嫌斜めさん／最近エモくね？ 太陽の夏休み／通り雨のパレード／「飛鳥だね」（はじまりはいつも雨）／神様の失恋期／誰かに傘を貸すチャンス!!／今日も雨ーじんぐ

〈モノ、生き物視点〉

野菜が喜んでいる／革靴の有休／傘が活躍できて喜ぶ／雨側、繁忙期かよ／紫陽花が喜んでいる／植物のみんな、食べ放題時期／カエルしか勝たん!!、カタツムリに会える日／カエルたちのカーニバル、カエルとお花のパーティー日和／花がいきいきする／てるてる坊主の逆襲

第3章

人は言葉遣いが9割

大人なら身につけておきたい、
品がにじみ出る言葉遣いや
間違いがちな敬語について解説。
覚えておけば、どんな場所でも、
相手でも困りません。
あなたの印象がアップし、
人間関係も良くなるはずですよ。

少し言葉を添えるだけで丁寧な印象に。
主張そのものよりも、添え言葉で全体の印象が決まります。

いつもの

はじめまして

ていねい

はじめまして、お会いできて嬉しいです

印象が上がる
添え言葉

この世界には「添えると上品に見える」という法則があります。
人にモノを渡す時は、片手で渡すよりも両手で渡す方が上品に見えますね。乾杯をする時も、片手でグラスを持つのではなく、もう片方の手を添えると丁寧に見えます。また、飲み物を出す時は、受け皿やコースターがある方が上品に見えることでしょう。

これは、言葉も同じ。**言いたい主張に「添え言葉」があると上品になります。**
例えば、「はじめまして！」という言葉に「お会いできて嬉しいです」と添えてみてください。初対面の二人に同時に会ったとして、どちらが好印象だと思いますか？

A：「はじめまして！」
B：「はじめまして！　お会いできて嬉しいです」

どうでしょうか？　おそらくBさんの方が好印象だと思う人が多いはずです。
また、「ありがとうございます」という言葉に、「もったいないお言葉です」を添えて「ありがとうございます！　もったいないお言葉です」としてみる。少し大人なイメージになりませんか？
実は「なぜかあの人、センスいいな」と感じる人は、添え言葉上手であることが多いのです。

添える言葉自体は、短くて存在感がないので、「気がつかないくらいの違いだけど、全体の印象が大きく変わる」という隠し味的な役割。添え言葉に正解はありませんが、次のような考え方さえ押さえておけば、あなたも添え言葉上手になれるでしょう。

あいさつ　↓　あなたの感情を添える
お願い　↓　共感する言葉を添える
お断り　↓　残念な気持ちを添える

お願いであれば、「書類作成をお願いいたします」ではなく「ご面倒かと思いますが、書類作成をお願いいたします」として、「負担は理解しているよ」と、気持ちを汲み取っていることを伝えましょう。
お断りであれば、「今日は予定がありまして」を「せっかくのお誘いですが、今日は予定がありまして」と、「本当はその誘いを受けたいんだけど……」という残念な気持ちを伝えましょう。

人は案外、答えそのものではなく、添えられている言葉で全体の印象を判断しています。
自然と添え言葉が使えるようになると、周りに笑顔が増えるかもしれません。

こんなふうに言い換えてみよう

いつもの

ていねい

● どうかご協力ください
↓
お願いするのは忍びないのですが、
どうかご協力ください

● この点が良くないと思います
↓
あえて反対意見を申し上げますと、
この点が良くないと思います

● 主旨がズレています
↓
その意見も捨てがたいのですが、
主旨がズレています

● **お待たせしてしまいます**
↓
できたてをお持ちしますので、
お待たせしてしまいます

● **お気をつけてお越しください**
↓
ご足労をおかけしますが、
お気をつけてお越しください

● **辞退させていただきます**
↓
身にあまるお話ではあるのですが、
辞退させていただきます

● **いつもありがとうございます**
↓
いつもお気遣いいただき、
ありがとうございます

えらせんの一言

花束よりも、添えてあるメッセージが嬉しいんだよね。

「ありがとう」「おめでとう」「申し訳ありません」。
物足りないなと感じたら、アップグレードして気持ちを伝えて。

いつもの

ありがとうございます

ていねい

感謝の気持ちでいっぱいです

定番言葉アップグレード

人は、日常と離れたものに心が動きます。例えば、リゾート、高級ホテル、海外旅行、あるいは一生に一度の体験……など。日常の定番は安心感をもたらし、非日常は刺激をもたらします。

これは言葉も同じ。言葉にはとても便利な、定番の言葉が存在します。

それは、「ありがとうございます」「よろしくお願いします」「おめでとうございます」「申し訳ありません」など、普通に生活していると毎日耳にするような言葉のこと。このような定番言葉は、どんな場面で使っても違和感がなく、聞き慣れていることもあり、スッと頭に入ってきますね。

ところがなんと、これらの**便利言葉に頼り過ぎると、感性が鈍くなる**というデメリットがあるのです。

人の心はグラデーション。感謝度が50の時もあれば、100の時もあるわけです。また、相手を特別尊敬している時もあれば、フランクな友人という時もある。

さまざまな場面がある中で、すべてを同じ言葉で表現するのは、あなたの想いを正確に表現できているとは言いがたいでしょう。

「ありがとうございます！」というシンプルな言葉を例に挙げてみましょう。これを「感謝の気持ちでいっぱいです！」と言い換えると、より気持ちが伝わると思いませんか？

また、「おめでとうございます！」という言葉を「心からお祝いを申し上げます！」と言い換えると、相手へのリスペクトが伝わります。

言われた方も、同じ意味でも表現が丁寧になるだけで「お！」と、感動するもの。つまり、定番言葉をアップグレードすることは、自分の感性を磨くのみならず、相手への感度を上げることができる、魔法の習慣になるのです。

相手によって表現を変え、微細な違いを言葉で表すことは、日本の素敵な文化の一つです。せっかく日本語を使うなら、豊かな表現を楽しんで使っていきましょう。

「あなたの気持ちを伝える言葉」の正解は、あなたしか持っていません。恐れずに、日常的な定番から抜け出して、ぴったりな表現を探してみてください。

こんなふうに言い換えてみよう

いつもの	ていねい
●ありがとうございます	お礼の申し上げようもありません
●おめでとうございます	誠におめでとうございます
●さすがですね！	いつも感服いたしております
	○○さんの右に出る者はいませんね

● 大丈夫ですか？
→ 心からお見舞い申し上げます
→ 社員一同、大変心配しております

● 申し訳ありません
→ 幾重にもお詫び申し上げます
→ 猛省しております

● お断りします
→ 辞退させていただきたく存じます
→ とても私のような素人が出る幕ではございません

● 抗議します
→ 僭越ながらご忠告申し上げます

えらせんの一言

正しさよりも、あなたの想いが伝わることが大切だよ。

ネガティブな言葉の前には「クッション言葉」で衝撃を和らげて。
応用可能なので、覚えておくと便利です。

いつもの

電話番号を教えてください

ていねい

差し支えなければ、
電話番号を
教えてください

クッション言葉

車の運転中、急カーブが始まる手前に「この先、急カーブがあるよ」という標識が出てきますよね。標識を見た運転手は「それならスピードを緩めておこう」と、事前に気持ちの準備ができます。あるいは、急な段差がある建物であれば「ここに段差がありますよ！」と事前に伝えることで、転ぶ人はグッと減ることでしょう。

事前に心の準備をしてもらうことは、命を救うことと言っても過言ではありません。

人間関係でも、**厳しい言葉には「今から、重い言葉を届けますよ」と、事前予告をしてあげると、**トラブルが減ります。

例えば、批判的な意見を言う時は**「恐れ入りますが」**、相手の誘いを断る時は**「あいにくですが」**、勘違いされそうなお願いをする時は**「差し支えなければ」**などが定番の予告となります。

また、相手の名前を聞く時に「どちら様ですか？」と急に言うと、失礼だと感じる人もいますので、「今から失礼になるかもしれないことを聞きますよ」という予告の意味で、「失礼ですが」をつけるといいでしょう。「失礼ですが、どちら様ですか？」と聞けば、少し印象が和らぎますよね。

他にも、取引先に断りの報告をする時、「どうも、こんにちは！　取引は成立しませんでした！」と急に伝えると、相手は衝撃を受けてしまいます。ここでは「今から言いにくい話を伝えます」という予告の意味で、「申し上げにくいのですが」をつけてみましょう。「申し上げにくいのですが、取引は成立しませんでした」と言えば、聞き手の印象もやわらかくなるはずです。

このように、人は心の段差が少なくなると、同じことを言われても心理的負担は少なくなります。「こんなことを言ったら、人生で一番びっくりすると思うんだけど……」と言えば、その後に続く内容がどんな内容でも、それほど驚かないことでしょう。


心は目に見えないものですが、考え方は物理世界と同じです。

急な段差があれば、人はつまずくでしょうし、予告を受けていれば、危険を避けることができます。

スロープをつけてあげることが、優しさなのです。

ぜひ、やわらかな言葉のクッションで、相手の衝撃を少なくしてあげてください。

こんなふうに言い換えてみよう

いつもの

ていねい

- 資料をお願いします
  ↓
  お手数ですが、資料送付をお願いします
- ここは禁煙です
  ↓
  恐れ入りますが、こちらは禁煙です
- ぜひご来場ください
  ↓
  お忙しいこととは存じますが、ぜひご来場ください
- お客様の電話番号を教えてください
  ↓
  念のため、お客様の電話番号を教えてください

● お引き受けいただきたいのですが
↓
ぜひとも、お引き受けいただきたいのですが

● その日は予定が入っています
↓
あいにくですが、その日は予定が入っています

● 出張中なので欠席します
↓
残念ですが、出張中なので欠席します

● 集合時間は10時ですか？
↓
確認のために伺いますが、集合時間は10時ですか？

● 私から一点、補足いたします
↓
僭越ながら、私から一点、補足いたします

えらせんの一言

四角よりも丸の方が優しく感じるのは、角がないからだよ。

上品言葉はフォーマルなスーツのようなもの。
とっさの時に困らないように準備しておきましょう。

いつもの

そうですね

ていねい

さようでございます

一生使える
上品言葉

もし、あなたが冬のカフェのテラス席で縮こまっていたら、「寒くないですか？ 毛布を使いますか？」と、店員さんが気を遣ってくれることでしょう。

もし、あなたがカリカリ怒っている様子であれば、「どうしたの？ なんかあった？」と、声をかけてくれる人が現れたり、逆に、気を遣って声をかけるのを控える人もいるかもしれません。

つまり、あなたの扱われ方は、あなたが発するメッセージに対する反響なのです。

重要な商談の場で、相手がスウェットを着ていたらどうでしょうか。たとえ、話の内容が同じだったとしても、スーツを着ているよりも言葉の説得力が落ちてしまいます。病院に行ってお医者さんが白衣ではなく革ジャンを着ていたら、少し心配になるのではないでしょうか。

同じように、「あなたが使う言葉」も、ビジュアル以上に周りに影響を与えています。

例えば、外見だけで判断するより、実際に話してみた方がどんな人かわかりますよね。カジュアルな格好をしていても、品がある話し方をする人は品がある人ですし、フォーマルな格好をしていても、フランクな話し方をする人はフランクな人です。

そう考えると、**「話し方 ＝ 他人から見た性格」**と言えるかもしれません。

とはいえ、「それって堅苦しくない？」と、感じる人もいることでしょう。

ここでは上品言葉を紹介していますが、かといって、必ずしもそれが優れているわけではありません。服でたとえるならスーツとスウェットがあるように、それぞれの特徴があるだけです。

フランク言葉　＝　スウェット
上品言葉　＝　スーツ

この、どちらも使えることが大切です。家の中でスーツを着ていたら気が休まりませんし、会社でスウェットを着ていたら違和感がありますね。言葉も服と同じです。

普段はカジュアルな人がスーツを着たらかっこよく見えるように、普段はフランクな話し方なのに、とっさに上品言葉が出る人は魅力的です。どちらが正解ということはありません。自分がどのような人間であると思われたいかによって、自在に使いこなせるようにしておきましょう。

あなたが使う言葉は、すべて、あなたの自己紹介になるのですから。

こんなふうに言い換えてみよう

いつもの → ていねい

- すみませんが → 恐れ入りますが
- 了解しました → 承知いたしました
- いくらですか？ → いかほどですか？
- お座りください → お掛けください
- どうしましょう？ → いかがいたしましょう？

- できません ──→ いたしかねます
- 確認お願いします ──→ ご査収ください
- やりますか？ ──→ なさいますか？
- 教えてください ──→ ご教示願います
- 感動しました ──→ 深く感じ入りました
- お久しぶりです ──→ ご無沙汰しております
- なるほど ──→ おっしゃる通りです

えらせんの一言

あなたの言葉は、あなたの取扱説明書。

若者言葉は、相手やシーンに合わせて適切な言葉に変換を。
同じ意見でも説得力が変わります。

いつもの

ぶっちゃけ

ていねい

率直に申し上げますと

一生使える
上品言葉
～若者言葉編～

歳とともに、似合う服は変わります。歳とともに、似合う話し方も変わります。服は買い替えればいいだけですが、話し方は徐々に変化していくもの。その人の生き方自体がにじみ出ると言っても過言ではないでしょう。

ところで、同じ意見を主張していても、説得力がある人とない人がいます。その違いは、いったいどこからくるのでしょうか？

話し方の構成要素は「リズム」「言葉選び」の二つです。

リズムというのは、速度や間のこと。〝間〟を使える人は、人の心を惹きつけます。

例えば、このような〝間〟のリズムも、その一つ。

「ここには一つ、大きなメリットがあります。それは」

↓

「……（深く深呼吸）」

↓

「なんと、ナビが無料でついてくるんです！」

このように、大事な言葉の直前に〝間〟を作ると、集中して相手に聞かせることができ、説得力が増します。逆に、人間は不安な時ほど〝間〟を埋めたくなるもの。焦ると早口になってしまうのも、空白を嫌うためです。だからこそ、空白を怖がらない姿勢には、「余裕」を感じますよね。

そして、もう一つが、**クッション言葉などの言葉選び**です。「良かったら、〇〇してください」と言うのもいいですが、「**差し支えなければ**、〇〇してください」の方が上品な印象になりますね。

このような言葉選びは、フランクな関係性の人には使いません。だからこそ、「**私はあなたを尊敬していますよ**」と伝える**メッセージ**にもなるのです。

他にも「頑張ります！」は「**最善を尽くします！**」、「あの〜」は「**恐れ入りますが**」、「微妙ですね」は「**判断が難しいところですね**」など、いつもの若者言葉を、上品な大人言葉に変換できるようにしておきましょう。

リズムも言葉選びも、身につくまでには時間がかかりますが、人生で一番若いのは、今日。

ぜひ、今日から、意識して使ってみてください。人のキャラは、話し方が9割ですよ。

（こんなふうに言い換えてみよう）

いつもの	ていねい
すみません	申し訳ございません
ちょっとすいません	お話し中、恐れ入ります
いらないです	申し訳ありませんが、間に合っています
楽しみにしてます	心待ちにしております

● （元気ですか？）はい！ → はい、おかげ様で！

● ～してください → ～していただけますか？

● すごいですね → 頭が切れますね

● 本当に → 心底

● 私的には～ → 私としましては～

えらせんの一言

言葉遣いは、心遣い。丁寧に伝えてあげよう。

つい頻繁に口にしてしまう言葉。
こんな短い言葉にこそワンランク上の品が宿ります。

いつもの

すごく

ていねい

大変

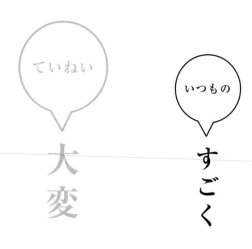

一生使える上品言葉 〜口癖編〜

会社の株価は日々上下しますが、いずれ、会社の実力に応じて収束していきます。

一時的には実力と離れ、上振れたり下振れたりすることもあるでしょうが、最終的には「その会社が世の中に提供している価値の総和」が、時価総額となって反映されていくのです。

これは、人生でも同じことが言えます。一時的にハッピーな時もあれば、一時的に落ち込む時もあるでしょう。しかし、最終的には「自分が発したものの総和」に収束していきます。

これはどういうことか、少し説明していきましょう。

例えば、ハッピーな言葉を発している人の周りには、同じようにハッピーな言葉を使う人が集まりますね。一方で、悪口が好きな人の周りには、悪口で盛り上がる人たちが集まります。他人にマウンティングするのが好きな人は、他人からのマウンティングが敏感に目に入ってきます。

鏡に映った自分を見て「おい、お前、寝癖直せよ！」と言っても直りませんが、自分が手で直せば、鏡に映った自分の寝癖も直ります。

世界には、このように、鏡の法則というものがあるのです。

つまり、あなたの周囲にどんな人が集うかは、あなたが発する言葉で決まります。

当たり前ですが、上品な言葉を使うと、その言葉に対して「心地よい」と感じる人と親しくなります。口癖というのは、意識せずとも生きているだけで何回も発する言葉。だからこそ、**口癖が変わると人生までも変わります。**

とはいえ、「ここに書いている言葉を使えばいいんだよ」ということではありません。株価と違って、人生の価値は測ることができません。つまり、どちらがいいのかではなく、**あなたがどんな人生を歩みたいかで、使うべき言葉も変化していく**のです。

ぜひ、理想の生き方や理想の人間関係を一度イメージしたうえで、それに合う口癖を身につけてください。

もちろん、どんな口癖でもかまいませんが、上品な言葉を使いこなせる人は「どこに連れて行っても恥ずかしくない」と思われるので、いろいろな場所への誘いも増えることでしょう。結果的に、世代を問わない交友関係が広がります。

いざという時に品のある言葉を使える人は、ラッキーを掴むことができるはずですよ。

こんなふうに言い換えてみよう

いつもの	ていねい
すごく	とても
	大変
だいたい	ほぼ
	おおよそ
だから	したがって

- たぶん → おそらく
- でも → しかしながら
- けど → とは言え
- とりあえず → さしあたり
- ～かも → ～の可能性がある
- ～は嫌いだ → ～は好ましくない
- ありがとう → 恐れ入ります

えらせんの一言

上品言葉は、社交場へのチケットだよ。

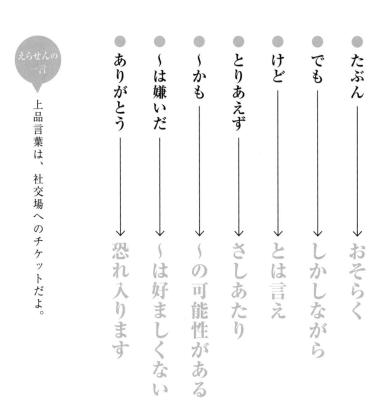

よく耳にするけれど、実は間違っている表現や敬語。
ここでまとめて紹介します。

いつもの

すいませんでした

ていねい

すみませんでした

正しい敬語

世代によって正しさは変化します。
若者言葉が敬遠されるのは、「正しくないから」ではなく、人生の先輩たちが、良い印象を受けないからです。これは、海外に行く時、その国で失礼に当たることは避けるのと同じこと。
世代や環境が違えば、常識も違います。
正しいかどうかの基準は、「聞き手が心地よいかどうか」なのです。

そして、「社会に出ること」は、「全世代と関わること」とイコールです。
あなたが若者ばかりのベンチャー企業にいたとしても、一歩外に出れば、全世代に通用する言葉を使うことは「思いやり」として必要になるでしょう。
そこで、相手を不快にさせないためにも、特に間違いがちな「誤用三大言葉」を紹介していきます。

一つ目は、「よろしかったでしょうか？」という言葉。
この言葉は店員さんが確認の際に使いがちですが、〝今〟注文したことを過去形で聞き返しているので、日本語としては間違いです。正しくは、「よろしいでしょうか？」です。

二つ目は「〇〇させていただく」という表現。

この表現は、本来、相手からの許可や恩恵を得る時に使う言葉です。したがって、相手の許可や恩恵を受けるわけではない「連絡させていただきます」などの表現は間違いなのです。

「連絡させていただきます」　↓「連絡いたします」

「資料をお渡しさせていただきます」↓「資料をお渡しします」

このように、許可を得ない行為なら「させていただく」ではなく、「します」「いたします」で充分です。

三つ目は「すいませんでした」という表現。

正しくは、「すみませんでした」となります。細かい違いですが、語源が「こんなお詫びでは済まない（すまない）」なので、「す〝み〟ませんでした」なのです。

「慣用されているなら、いいんじゃない？」「伝わるならいいんじゃない？」という気持ちはよくわかりますし、正しさにこだわり過ぎて、他人の言葉にイライラするようでは逆効果。

ただし、間違った敬語は場合によって相手が不機嫌になるリスクがあるので、正しい敬語を身につけておきましょう。

こんなふうに言い換えてみよう

いつもの → ていねい

● 1，000円からお預かりします → 1，000円お預かりします

● 伺わせていただきます → 伺います

● おっしゃられる → おっしゃる

● おられますか？ → いらっしゃいますか？

● （目上の人に対して）ご苦労様です → お疲れ様です

● （目上の人に対して）了解しました
→ 承知しました
→ かしこまりました

● ○○社長様
→ ○○社長

えらせんの一言

正しい敬語を使うことは、全世代に認められる第一歩。

おわりに

車を運転していて、前を走るトラックの速度が遅い時、

「なんでこんなに遅いんだよ」

「早く走れよ」

とイライラする人もいれば、

「お客様の大事な荷物を壊さないように、慎重に運んでくれてるのかも」

と気づける人もいるかもしれません。


まったく同じ現実を見ても、僕たちは、とらえ方が異なります。

現実世界の出来事と僕たちの感情は、リンクしているようで実はリンクしていないのです。

現実世界には常に、ポジティブな出来事も、ネガティブな出来事も、
悲しい、嬉しい、いろんな出来事が同時に存在します。
どこを切り取るかで、見える世界が変わるというだけです。

例えば、「会社が倒産してしまった」という日。

ものすごく落ち込んで「人生、これで最後だ」と思う人もいれば、
人生は0歳から80歳までの一つの大きなストーリーだととらえている人は、

「今はどん底にいるけど、ここからの盛り返しが楽しみなんだよな」

「これで人生の展開が面白くなってきたぞ」

と前向きになれるかもしれません。自分の人生の映画監督のような視点で。


人生の方向性が大きく変わる時は、大体が「どん底」にいる時です。


車を想像してみてください。

車で急カーブする時は、一度大きく速度を落とします。

なぜなら速度を落とさないと曲がれないからです。


人生も同じで、ものすごい速度で進んでいる人というのは、徐々に方向性を変えるしかありません。

動いているものは急な方向転換が難しく、

止まっているものはどの方向にも動き出すことができます。
人生がどん底で停滞している時は、車でいうと、止まっている時。
自分の周りは「360度、道」。どこにでもハンドルを切れる状態です。

このように物理世界で成り立つ法則は、
目に見えない心の世界にも適用されます。

目に見える世界も、目に見えない世界も同じ。
心の世界にも重力はあるし、
心の世界にも振り子の法則はあるし、
心の世界にもカーブする時は速度を落とさなければならない、
という法則もあるわけです。
この法則を知っていれば、人生がどん底であったとしても、
もう少し前向きにとらえることができるのではないでしょうか。

僕は、そういうとらえ方ができる人が増えてくれたらいいなと思います。

もしあなたが今、調子が悪いとか、人生の方向性を変えてみたいとか、
新しい挑戦をしてみたいな、と感じているとしたら、
この本を読んで何か一つ行動のエネルギー源にしてくれたら嬉しいです。

いつもと違ったポジティブを見つけてください。

きっと目の前に素敵な世界があります。
あなたは人生の素晴らしいところを発見できる。

人生は100年時代と言われていますが、たった100年です。
その100年の中で、せっかくなら「最高のシーン」をたくさん発見していってください。
そして、それを周りにも発見させてあげてください。

そうすると少し世界が平和に近づくのかなと、僕は本気で思ってこの本を書きました。
ここまで読んでくださってありがとうございます。

今、この本を書き終えることを少し寂しいなと感じている自分にびっくりしています。
なぜ寂しいかと言うと、伝えたいことがたくさんあり、伝えたい人もたくさんいて、書いている最中、僕自身が幸せでした。
ポジティブな視点を共有したり、自分の視点を表現し、シェアしていく作業はとても幸せなことで、
この作業が終わるということを名残惜しく感じています。

この言い換え言葉の続きは、これを読んでいるあなたに書いてほしいと思います。
あなた自身がここに載っていない言葉を、生活の中で発見することがあると思います。

僕はバトンを渡すので、ぜひ、「ポジティブな発見したよ」とか
「こういう言い換え言葉もあったよ」とか
「この本を読んでこんな発見したよ」ということをシェアして、
周りの人にまで伝染させてほしいと思います。

いつかあなたの言い換え言葉が回りまわって、僕が発見できることを楽しみにしています。

これからも僕たちの人生は続きますし、これからも人類の歴史は続きます。
今まで僕が身につけてきた知見というのは先輩たちからいただいたもの。
脈々と受け継がれたもの。
それと同じように、僕がこの本に詰め込んだ考え方を、
あなたがまた後の世代に伝えていく流れが、続くと嬉しいです。

そんなふうに願いを込めながら終わりにしようと思います。

本当にありがとうございました。

P.S.

実は、最初に挙げたトラックの運転にイライラしている人とは、過去の僕のことです。
いつも何かに不満を感じて、環境や周りの粗探しをする性格でした。

でも、その考え方を改めるきっかけがあり、言葉や行動を変えていったところ、
「同じ世界なのに、こんなにも見える世界が違うんだな」
と驚いたことを覚えています。

「とらえ方を変えると世界が変わる」ということを伝えたくて、
僕はインスタグラムに文章を投稿し始めました。

世界のどこかにいる、
過去の僕と同じような人に刺さればいいなと思いながら始めたのですが、
今では多くの方に届き、こうして書籍という形で伝える機会をいただけたことに
感謝しています（ワニブックスの田中さんありがとうございます）。

インスタグラムでは、みんなが参加できる投稿や、相談コーナーなどをやっていて、
世界が前向きになれるアカウントを目指しています。

ぜひ、あなたも気軽に遊びに来てくださいね。

コメント、ＤＭいつでも大歓迎です。

ありがたいことに毎日多くのＤＭが届くので全員への返信は保証できませんが、
すべてのメッセージを読ませていただいて、次の投稿に反映しています。

言葉は自分に返ってきます。なので、素敵な優しいメッセージを待っています（笑）

それでは、これで本当に最後。ありがとうございました。

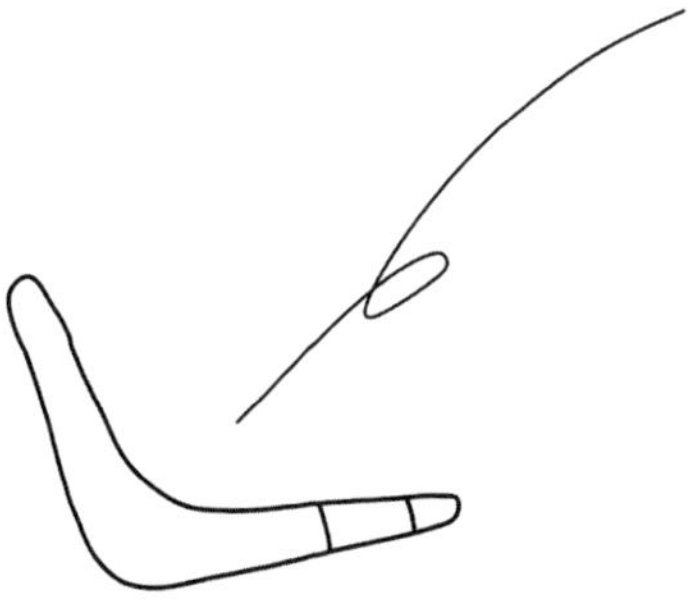

装丁・本文デザイン　谷関笑子（TYPEFACE）
イラスト　えらせん
DTP　株式会社三協美術
校正　麦秋新社
編集　田中悠香（ワニブックス）

一生使える
ポジティブ言い換え言葉

著者　えらせん

2021年7月21日　初版発行
2024年4月１日　２版発行

発行者　横内正昭
編集人　青柳有紀
発行所　株式会社ワニブックス
〒150-8482
東京都渋谷区恵比寿4-4-9　えびす大黒ビル
電話　03-5449-2711（代表）
03-5449-2716（編集部）

ワニブックスHP　http://www.wani.co.jp/
WANI BOOKOUT　http://www.wanibookout.com/

印刷所　株式会社美松堂
製本所　ナショナル製本

定価はカバーに表示してあります。
落丁・乱丁の場合は小社管理部宛にお送りください。送料は小社負担でお取り替えいたします。ただし、古書店等で購入したものに関してはお取り替えできません。

ISBN978-4-8470-7079-2